JÜRGEN BECKER

# Die kontinuierliche Liquiditätsversorgung des Bankensystems

Veröffentlichungen des
Instituts für Empirische Wirtschaftsforschung

Band 3

# Die kontinuierliche Liquiditätsversorgung des Bankensystems

Von

Dr. Jürgen Becker

DUNCKER & HUMBLOT / BERLIN

Gedruckt 1969 bei Alb. Sayffaerth, Berlin 61
Printed in Germany

# Vorwort

Die Beeinflussung der Bankenliquidität ist ein zentrales Anliegen der Kreditpolitik. Dennoch gelang es in der Vergangenheit nur selten, die Liquiditätsversorgung der Kreditinstitute den Zielvorstellungen entsprechend zu steuern.

In der vorliegenden Arbeit werden die Ursachen für diese Schwierigkeiten analysiert und gleichzeitig der Versuch unternommen, Mittel und Wege aufzuzeigen, um die bisherige diskontinuierliche Liquiditätsversorgung in eine kontinuierliche Versorgung umzuwandeln.

Ich möchte an dieser Stelle dem Ordinarius für Volkswirtschaftslehre an der Technischen Universität Hannover, Herrn Professor Dr. Claus Köhler, meinen besonderen Dank aussprechen. Die Diskussionen mit ihm, seine Anregungen und seine Kritik haben wesentlich zu einer Vertiefung der Probleme beigetragen. Außerdem gilt mein Dank der Deutschen Bundesbank, die mich freundlicherweise beurlaubte, so daß die Untersuchungen beschleunigt vorangetrieben werden konnten.

Göttingen, im März 1969

Jürgen Becker

# Inhaltsverzeichnis

## Verzeichnis der Abkürzungen

| | | |
|---|---|---|
| AWV | = | Verordnung zur Durchführung des Außenwirtschaftsgesetzes (Außenwirtschaftsverordnung — AWV) |
| BBankG | = | Gesetz über die Deutsche Bundesbank |
| BGBl | = | Bundesgesetzblatt |
| BT-Drucksache | = | Bundestagsdrucksache |
| DR Anz | = | Deutscher Reichsanzeiger |
| FAZ | = | Frankfurter Allgemeine Zeitung für Deutschland |
| GATT | = | General Agreement on Tariffs and Trade |
| HB | = | Handelsblatt |
| IWF | = | Internationaler Währungsfonds |
| KWG | = | Gesetz über das Kreditwesen |
| RGBl | = | Reichsgesetzblatt |
| RHO | = | Reichshaushaltsordnung |
| RKO | = | Reichskassenordnung |
| RMBl | = | Reichsministerialblatt |
| RWB | = | Wirtschaftsbestimmungen für die Reichsbehörden |
| ZKW | = | Zeitschrift für das gesamte Kreditwesen |

TEIL A

# Die Bankenliquidität als Ansatzpunkt für die Steuerung der Wirtschaftsabläufe

## I. Die allgemeinen Ziele der Wirtschafts- und Währungspolitik

Der Wirtschaftspolitik wird heute — im Gegensatz zur liberalistischen Wirtschaftsverfassung — u. a. die Aufgabe gestellt, durch mehr oder minder große Eingriffe in den Wirtschaftsprozeß das Wachstum einer Volkswirtschaft so zu steuern, daß eine maximale Gütererzeugung und damit eine maximale Güterversorgung erreicht wird.

Bei der Verfolgung dieses Zieles werden zwei grundlegende Schwierigkeiten deutlich. Einmal sind an der Durchsetzung der Wirtschaftspolitik mehrere Institutionen wie Staat, Notenbank und Sozialpartner beteiligt, die sich nur schwer koordinieren lassen[1]. Häufig wurden z. B. die Wirkungen der kreditpolitischen Instrumente durch ein entgegengesetztes Handeln der Öffentlichen Hand kompensiert oder überkompensiert. Zum anderen sind güterwirtschaftliche und monetäre Seite der Wirtschaftsabläufe vielfach nicht aufeinander abgestimmt, d. h. die Geldmenge zur Abwicklung der Güterumsätze ist entweder zu groß oder zu klein. Ist sie zu groß, übersteigt sie also die realen Möglichkeiten, so kommt es auf der Produktionsseite durch eine übermäßige Nachfrage zu Überlastungserscheinungen mit entsprechenden Reibungsverlusten und Fehlinvestitionen. Ist die Geldmenge zu klein, so verlaufen die Güterströme zu langsam und schwerfällig. Es sollte daher ein Punkt angesteuert werden, in dem das Geld „neutral“ ist.

Ursprünglich sah man in den Zahlungsmitteln lediglich Instrumente zur Rationalisierung der Tauschvorgänge. Im übrigen konnte das Geld nach dieser Meinung keinen Einfluß auf den Wirtschaftsablauf aus-

---

[1] Vgl. *Schmölders*, G.: Das Problem der Koordination von Geld- und Finanzpolitik im Hinblick auf die Sicherung stetigen Wachstums. In: Finanz- und währungspolitische Bedingungen stetigen Wirtschaftswachstums. Verhandlungen auf der Tagung des Vereins für Socialpolitik. Gesellschaft für Wirtschafts- und Sozialwissenschaften in Baden-Baden 1958. Berlin 1959. S. 272 ff.

üben[2]. Die Neutralität war dem Geld zwangsläufig eigen, konnte also nicht aufgehoben werden. Inzwischen hat sich aber gezeigt, daß diese Zwangsläufigkeit nicht vorhanden ist, sondern Neutralität als eine mögliche Eigenschaft des Geldes angesehen werden muß. Nach Forstmann ist sie dann gegeben, wenn das Geld „von sich aus keinen selbständigen Einfluß auf den wirtschaftlichen Ablauf ausübt". Dabei liegt die Mittlerfunktion des Geldes außerhalb dieses Neutralitätsbegriffes[3]. Diese Definition läßt auch den umgekehrten Fall der Nichtneutralität zu. Das entspricht der heutigen Auffassung von den Eigenschaften des Geldes[4], allerdings mit der Modifikation, daß Neutralität nicht die Regel, sondern die Ausnahme ist. So weist Veit darauf hin, daß „Neutralität des Geldes eine Utopie" ... sei[5]. Er definiert Neutralität als den „Nullpunkt zwischen Inflationstendenz und Deflationstendenz. Es ist der Punkt des Liquiditätsgleichgewichts". Er läßt sich in der Realität nicht erreichen, dennoch „kann die Währungspolitik Neutralität als idealtypisches Ziel vor Augen haben"[6]. Hierbei ist jedoch zu berücksichtigen, daß dieses Ziel nur langfristig angestrebt wird, da kurzfristig im Konjunkturverlauf *Nichtneutralität* des Geldes notwendig ist, um mit monetären Mitteln Schwankungen des Wirtschaftsablaufes glätten zu können.

Da die Bedeutung einer „richtigen" Geldversorgung der Wirtschaft[7] immer klarer erkannt wird und gleichzeitig die Notenbank als entscheidende Instanz für den monetären Bereich angesehen wird, wurde dieser Stelle die Steuerung des Zahlungsmittelumlaufs und der Liquiditätsversorgung der Banken[8] übertragen. Diese Aufgabe erweist sich aber als sehr schwierig, weil es mehrere Liquiditätsquellen gibt, die unabhängig von der Notenbank sind. Hierzu zählen besonders die Liquiditätseinflüsse der Zahlungsbilanz, die aufgrund der außenwirtschaftli-

[2] „There cannot, in short, be intrinsically a more insignificant thing in the economy of society, than money." *Mills,* J. St.: Principles of Political Economy. Book III. Ch. VII. 2. ed. Ashley 1921. S. 488. Zitiert bei: *Hayek,* F. A.: Beiträge zur Konjunkturforschung. Bd. 3. Preise und Produktion. Wien 1931. S. 119.

[3] *Forstmann,* A.: Geld und Kredit. II. Bd. Die Anwendung der Geld- und Kredittheorie. Göttingen 1952. S. 318.

[4] Als erster: *Koopmans,* J. G.: Zum Problem des „neutralen" Geldes. In: Beiträge zur Geldtheorie. Herausgeber Hayek, F. A. Wien 1933. S. 246 ff.

[5] *Veit,* O.: Volkswirtschaftliche Theorie der Liquidität. Frankfurt/M. 1948. S. 45.

[6] *Veit,* O. und Mitarbeiter: Grundriß der Währungspolitik. Frankfurt/M. 1961. S. 49 f.

[7] Unter Geld oder Zahlungsmittel der Nichtbanken soll deren Bestand an Bargeld und Sichteinlagen verstanden werden, vermindert um die Guthaben der Öffentlichen Hand bei der Bundesbank. Vgl. *Andreas,* K.: Die theoretischen Grundlagen der Geldpolitik. In: Sonderdruck aus Bank-Betrieb. 7. Jahrg. (1967). S. 9.

[8] Die Bankenliquidität wird zunächst als Bestand an Zentralbankgeld bei den Kreditinstituten definiert. S. Teil B I 4.

chen Verflechtung bei Konvertibilität und stabilen Wechselkursen schwer steuerbar sind. Aber auch der Bargeldumlauf und die Kassentransaktionen der Öffentlichen Hand können die kontinuierliche Liquiditätsversorgung der Banken empfindlich stören.

Im Rahmen dieser Arbeit ist zu prüfen, ob sich die genannten Faktoren nicht doch durch die Notenbank beeinflussen lassen. Außerdem sollen die Refinanzierungskontingentpolitik, die Offenmarktpolitik mit Nichtbanken und die Einlagen/Schuldenpolitik eingehend erörtert werden. Die Instrumente werden daraufhin untersucht, inwieweit sie geeignet sind, die kontinuierliche Liquiditätsversorgung der Banken zu verwirklichen. Dabei soll unter einer kontinuierlichen Liquiditätsversorgung die gleichmäßige, am wirtschaftlichen Wachstum ausgerichtete zusätzliche Zufuhr liquider Mittel verstanden werden. Dieses Konzept soll die Liquiditätslage der Banken, die bisher durch Diskontinuität gekennzeichnet ist, verstetigen.

## II. Die Bedeutung des Bankkredits für die Finanzierung des Zahlungsvolumens der Nichtbanken

Die Umsätze im Nichtbankensektor müssen ständig von den Wirtschaftsunternehmen und Haushalten finanziert werden. Als Finanzierungsmittel des Zahlungsvolumens — definiert als Produkt aus Geldmenge und Umschlagshäufigkeit des Geldes —[1] kommen die vorhandene Geldmenge sowie zusätzliche Kredite in Betracht. Je größer der Geldbestand in der Hand von Nichtbanken ist, desto geringer ist der Bedarf an Bankkrediten. Im Extremfall können alle Zahlungen aus den angesammelten Mitteln bestritten werden, so daß der Kreditbedarf auf Null sinkt. Eine dynamische Wirtschaft ist jedoch ohne die Inanspruchnahme von Bankkredit nicht denkbar, auch wenn die Nichtbanken gegenüber den Banken per Saldo Forderungen haben. Das liegt an der ungleichmäßigen Verteilung der Geldmenge im Nichtbankensektor. Käme es zu einer gleichmäßigen Verteilung der Geldmenge zwischen den Wirtschaftssubjekten, so brauchte kein Bankkredit in Anspruch genommen zu werden[2]. Tatsächlich bereiten aber die Partnerwahl und das Fristenproblem solche Schwierigkeiten, daß ein Ausgleich unter den Nichtbanken trotz gewisser Ansätze, wie z. B. in Form des Industrie-Clearing, relativ selten gelingt. Daher übernehmen die Banken neben der Kreditschöpfung auch die Funktion der Kreditvermittlung[3].

---

[1] *Köhler*, Cl.: Orientierungshilfen für die Kreditpolitik. Berlin 1968. S. 16. Zum Begriff Umschlagshäufigkeit vgl. *Kippenberger*, H.: Geldmenge und Umschlagshäufigkeit. Frankfurt/M. 1962. S. 179.

[2] Vgl. *Jarchow*, H.-J.: Theoretische Studien zum Liquiditätsproblem. Tübingen 1966. S. 107.

[3] Vgl. *Andreas*, K.: Die theoretischen Grundlagen der Geldpolitik . . ., S. 5 f.

Je mehr Sektoren gebildet werden, desto deutlicher wird die Ungleichmäßigkeit der Geldmengenverteilung sichtbar[4]. So können Bund und Länder zusammen in einer Periode gegenüber dem Bankensystem über einen Forderungssaldo verfügen. Daraus läßt sich jedoch nicht folgern, daß diese Gebietskörperschaften in der betreffenden Periode auf keinen zusätzlichen Bankkredit angewiesen waren. Es ist z. B. denkbar, daß sich der Bund in erheblichem Umfang verschuldete, während die Länder hohe Guthaben ansammeln konnten, so daß per Saldo eine positive Nettoposition des Sektors Bund — Länder entstand. Eine Nettoposition vermittelt also keinen genauen Einblick in die tatsächlichen Einlagen/Kreditverhältnisse der einzelnen Sektorenmitglieder.

Die ungleiche Verteilung der Bankguthaben innerhalb eines Sektors bewirkt, daß einzelne Mitglieder bei einem positiven Gesamtsaldo Kredit aufnehmen müssen. Zwar läßt sich vermuten, daß mit steigendem positiven Saldo auch die Kreditaufnahme tendenziell sinkt. Wenn sich jedoch die Zunahme der Guthaben auf wenige konzentriert, sind die übrigen unverändert auf die Kreditfinanzierung angewiesen. Je ungleichmäßiger die Verteilung ist, desto größer ist der Kreditbedarf[5].

Für die Wirksamkeit des kreditpolitischen Instrumentariums ist einmal Voraussetzung, daß der Nichtbankensektor überhaupt Kredit nachfragt. Zum anderen ist aber der Umfang des nachgefragten Kredits von entscheidender Bedeutung. Denn es ist ein wesentlicher Unterschied, ob zur Finanzierung des Zahlungsvolumens von z. B. 1 000 GE ein Kredit von 500 GE oder nur von 50 GE erforderlich ist.

Die Kreditpolitik hat grundsätzlich ein Interesse daran, den Kreditanteil zu vergrößern, um die Angriffsfläche für ihr Instrumentarium zu erweitern[6]. Die vorhandene Geldmenge stellt aber das Ergebnis eines sich über viele Perioden erstreckenden Ansammlungsprozesses dar, das sich kurzfristig kaum ändern läßt[7]. Hinzu kommt, daß der Umfang der Geldmittel der privaten Haushalte wesentlich durch die Einkommensentwicklung in den Vorperioden bestimmt wird, an deren Gestaltung die Notenbank direkt nicht beteiligt ist. So bleibt als Ansatzpunkt für die kreditpolitischen Maßnahmen in erster Linie das Volumen der zusätzlichen Kredite.

Die Kreditpolitik kann entsprechend ihrer Einflußnahme auf das Volumen der Kredite an Nichtbanken (ohne Staat) in direkte und indirekte Kreditpolitik gegliedert werden. Die Instrumente der indirekten

---

[4] Vgl. hierzu auch Monatsberichte der Deutschen Bundesbank. Dezember 1961. S. 18.

[5] *Köhler,* Cl.: Orientierungshilfen für die Kreditpolitik ..., S. 16.

[6] *Dürr,* E.: Wirkungsanalyse der monetären Konjunkturpolitik. Frankfurt/M. 1966. S. 309.

[7] *Köhler,* Cl.: Orientierungshilfen für die Kreditpolitik ..., S. 23.

Kreditpolitik setzen bei der Beeinflussung der Bankenliquidität an, um die Kreditgewährung entweder zu hemmen oder zu fördern. Dagegen bestimmt die direkte Kreditpolitik, welche Kredite in welchem Umfang gewährt werden sollen. Dazu gehören die Direktkreditgeschäfte und die Kreditplafondierung. Beide Instrumente sind umstritten. Das Direktkreditgeschäft hat den wesentlichen Vorteil, daß die Notenbank unmittelbar Kredit an Wirtschaftsunternehmen gewährt und damit das Volumen bestimmen kann, ohne den Umweg über das Bankensystem einschlagen zu müssen. Dem steht allerdings der Nachteil von Interessenkonflikten gegenüber, denen eine Notenbankleitung besonders bei restriktivem Kurs ausgesetzt ist, weil sie dann häufig nur die Alternative hat, einen Kredit zu gewähren oder einen Kunden zu verlieren. Derartige Überlegungen dürfen aber keine Rolle spielen, wenn gesamtwirtschaftlich notwendige Entscheidungen zu fällen sind[8].

Ein radikaler Vorschlag, der aus den Schwierigkeiten der Kreditpolitik die Konsequenzen zieht und gleichzeitig den möglichen Interessenkonflikt ausschaltet, sieht die ausschließliche Kreditgewährung durch die Notenbank vor[9]. Sicherlich würde auf diesem Wege die Kreditversorgung in vieler Hinsicht ausgeglichener und gezielter gelingen. Aber es ist doch zweifelhaft, ob eine riesige nationale Kreditbank wirklich das übernehmen könnte, was heute ein vielgegliedertes, flexibles Bankensystem leistet.

Die Kreditplafondierung ist ein weiteres Mittel, um das Kreditangebot administrativ zu regulieren. Allerdings ist für die Wirksamkeit dieses Instruments Voraussetzung, daß die Liquiditätslage der Kreditinstitute auf den Plafond abgestimmt ist. Wenn nämlich das Bankensystem über erhebliche ungebundene Zentralbankgeldbestände verfügt, die durch die Kreditplafondierung vom Kreditgeschäft ganz oder teilweise ferngehalten werden sollen, so gelingt das nur, wenn die Notenbank gleichzeitig andere Anlagemöglichkeiten bereitstellt oder die liquiden Mittel durch eine Erhöhung der Mindestreservesätze bindet. Verzichtet die direkte Kreditpolitik auf solche ergänzenden Maßnahmen, so werden die Banken die Bestimmungen zu umgehen suchen, um ihre Rentabilitätsverluste zu minimieren. Außerdem gibt es keine befriedigende Bemessungsgrundlage für die Höhe des Plafonds. Die meistens vorgesehene Bindung der Kreditexpansion an die Wachstumsrate des Sozialprodukts „ist aber ungeeignet, monetäre Nachfrage und Güterproduktion im Gleichgewicht zu halten, denn die Zunahme der Kredite ist

---

[8] Vgl. Internationaler Währungsfonds: Jahresbericht 1966. (Deutsche Fassung.) Washington, D. C. S. 45 f.; ähnlich *Veit,* O.: Grundriß der Währungspolitik . . ., S. 313 f.

[9] *Noll,* W.: Die Geldversorgung in einer wachsenden Wirtschaft. In: Jahrbuch für Sozialwissenschaft, Bd. 17 (1966). S. 364.

zwar einerseits vom realen Wachstum ..., andererseits aber von der Liquidität der Nichtbanken" abhängig. Nur geringer zusätzlicher Kredit ist notwendig, „wenn die private Wirtschaft über hohe Bankguthaben verfügt. Die Zahlungen werden in diesem Fall vornehmlich zu Lasten von Bankguthaben geleistet und weniger durch zusätzliche Kreditaufnahme. Verschlechtert sich dagegen die Liquidität der privaten Wirtschaft, ... dann muß durch zusätzliche Kredite nicht nur das Wirtschaftswachstum finanziert, sondern auch die Liquiditätsverluste ausgeglichen werden. Bei der gleichen Wachstumsrate des Sozialprodukts ist in diesem Fall die Kreditexpansion stärker"[10]. Damit scheiden, solange keine konstante Liquiditätsentwicklung verwirklicht ist, die Instrumente einer direkten Kreditpolitik aus, mit der Folge, daß sich die Kredite an Nichtbanken nur indirekt über die Bankenliquidität beeinflussen lassen. So entscheidet die Steuerung der Liquiditätsversorgung der Banken über Erfolg und Mißerfolg der Kreditpolitik.

## III. Das Problem der Quantifizierung der Liquiditätsversorgung in einer wachsenden Wirtschaft

Das Problem der kontinuierlichen Liquiditätsversorgung der Banken erstreckt sich einmal auf die Schwierigkeiten der Beeinflussung der Liquiditätsquellen. Zum anderen fällt darunter auch die Bestimmung des Liquiditätsbedarfes der Kreditinstitute innerhalb einer bestimmten Periode. Dieser Liquiditätsbedarf wird als Zielgröße vorgegeben und über eine entsprechende Steuerung der Liquiditätsquellen zu erreichen versucht.

Da hier eine wachsende Wirtschaft unterstellt wird, bedeutet Liquiditätsversorgung längerfristig stets Zufuhr liquider Mittel, weil zwischen einem wachsenden realen Sozialprodukt und dem Liquiditätsbedarf der Banken funktionale Beziehungen bestehen: Der Umfang des Liquiditätsbedarfes ist vom wirtschaftlichen Wachstum abhängig, denn ein steigendes Sozialprodukt ist ceteris paribus mit höheren Umsätzen im Nichtbankensektor verbunden, die über die Geldmenge und zusätzliche Kredite finanziert werden. Das Bankensystem kann sein Kreditvolumen jedoch nur ausdehnen, wenn sich seine liquiden Mittel erhöht haben.

---

[10] *Köhler*, Cl.: Saisoneinflüsse überdecken Geldmarktanspannung. In: WWI Mitteilungen. 19. Jahrg. (1966). S. 72. Dennoch wurde in der Schweiz eine Kreditplafondierung gerade damit begründet, daß „die Kreditentwicklung dann weder inflatorische noch deflatorische Wirkungen (habe), wenn sich die Zunahme der Kredite im Rahmen der Zuwachsrate des realen Sozialprodukts hält". Vgl. Neue Zürcher Zeitung vom 19. 5. 1966: „Der Ausbau des Instrumentariums der Nationalbank." Zitiert in: Deutsche Bundesbank. Auszüge aus Presseartikeln. Nr. 36 v. 17. 5. 1966. S. 9. Dabei werden aber rein schematische Beziehungen zwischen Kreditvolumen und Wachstum unterstellt, die nach den Ergebnissen von Köhler nicht gegeben sind.

Im Rahmen dieser Arbeit soll auf die Schwierigkeiten der Quantifizierung der Liquiditätsversorgung nicht eingegangen werden. Zu diesem Problem hat Köhler eingehende Untersuchungen angestellt und im Rahmen einer empirischen Analyse den Versuch einer Quantifizierung vorgenommen[1]. Hier wird allein von der Fragestellung ausgegangen, wie ein bereits volumenmäßig festgestellter Liquiditätsbedarf realisiert werden kann.

[1] *Köhler*, Cl.: Orientierungshilfen für die Kreditpolitik..., S. 59 ff. und S. 71 ff. Vgl. auch *Bartholomey*, U.: Wirtschaftsentwicklung und Bankkredite in der Bundesrepublik. In: Rheinisch-Westfälisches Institut für Wirtschaftsforschung Essen — Mitteilungen (1967). S. 220 ff.; *Lutz*, F. A.: Die Nachfrage nach Geld. In: Jahrbücher für Nationalökonomie und Statistik. Band 172 (1960). S. 93 ff.; Joint Economic Committee. Congress of the United States: Employment, Growth and Price Levels. „Douglas-Report". Washington 1960. S. 33 f.; *Courchene*, T., und H. T. *Shapiro*: The Demand for Money: A Note from the Time Series. In: The Journal of Political Economy. Vol. LXXII (1964). S. 498 ff.

TEIL B

# Die kontinuierliche Liquiditätsversorgung der Banken

Die Liquiditätsversorgung der Banken ist ein ständig wiederkehrendes Problem der Kreditpolitik, weil die Liquidität an den konjunkturellen Bedürfnissen stets neu ausgerichtet und ein entsprechender Umfang als Ziel der Kreditpolitik vorgegeben werden muß. Strebt man eine stetig wachsende Wirtschaft an, dann muß als Voraussetzung dafür auch eine gleichmäßige Zunahme der liquiden Mittel der Banken sichergestellt sein. Schwankungen, wie sie bisher ständig beobachtet werden konnten, sind daher zu vermeiden.

## I. Die Bedeutung von Zentralbankgeldströmen

Die wichtigste Funktion des Bankensystems besteht in der Kreditgewährung an den Nichtbankensektor. Der Umfang dieser Kreditgewährung wird durch das Angebot der Banken und die Nachfrage der Nichtbanken bestimmt. Die Kreditnachfrage soll jedoch außer Betracht bleiben, weil hier nur der Zusammenhang zwischen Liquiditätsveränderungen und Kreditangebot interessiert.

### 1. Die Liquiditätsveränderung bei einer Einzelbank

Die Geschäftspolitik jeder Bank ist grundsätzlich auf eine Gewinnmaximierung bzw. eine Kostenminimierung ausgerichtet. Das Verhalten der Banken scheint sich jedoch nicht immer mit diesen Prinzipien zu decken. Tatsächlich dürften zahlreiche Entscheidungen mit einer kurzfristigen Gewinnmaximierung nicht im Einklang stehen[1] und sich nur bei langfristiger Betrachtung diesem Ziel unterordnen[2]. So steht häufig die Frage nach dem Liquiditätsspielraum im Vordergrund geschäfts-

[1] Das gilt z. B. für den Fall, in dem Kredite nicht zu den jeweils höchsten durchsetzbaren Zinssätzen gewährt werden, sondern niedrigere Sätze berechnet werden, um eine langfristige vertrauensvolle Zusammenarbeit zwischen Bank und Kunden zu gewährleisten.

[2] Vgl. *Hagenmüller*, K. F.: Bankbetrieb und Bankpolitik. Wiesbaden 1959. S. 227 ff.

politischer Entscheidungen, während Kostenüberlegungen erst an zweiter Stelle folgen. Dies hat seine Ursache in den Erfahrungen, die in der Vergangenheit gemacht wurden. Danach sind Kreditinstitute von der Liquiditätsseite her viel stärker gefährdet als von der Rentabilitätsseite[3]. Es sind nur wenige Fälle bekannt, in denen Kreditinstitute aus Rentabilitätsgründen ihre Schalter schließen mußten[4].

Im Regelfall führen Liquiditätsschwierigkeiten zum Zusammenbruch. Die deshalb unterhaltenen größeren Kassenreserven bedeuten zwar eine rentabilitätsmäßige Belastung, sie sichern aber die dauernde Existenz einer Bank und eröffnen damit die Möglichkeit, langfristig doch das Gewinnmaximum zu erreichen. — Für die einzelnen Kreditinstitute sind die Einlagenzinsen als bedeutendster Kostenfaktor weitgehend unbeeinflußbar, denn praktisch kann kein Institut den Zu- und Abfluß von Einlagen allein bestimmen oder die Zinsen wesentlich variieren, so daß die Passivseite geschäftspolitischen Maßnahmen gegenüber — auf kürzere Sicht wenigstens — verschlossen ist. Der Entscheidungsspielraum ist hauptsächlich auf die Aktivseite begrenzt.

Ein Mittelzustrom bei einer einzelnen Bank erhöht mit wachsendem Volumen deren Bereitschaft zur Kreditgewährung, und zwar wird diese Bereitschaft von zwei Seiten her beeinflußt: (1) Jede Bank sucht eine durch Gesetz, Brauch oder Erfahrung bestimmte Relation zwischen den liquiden Mitteln und den Einlagen aufrechtzuerhalten, um Zahlungsanforderungen der Einleger jederzeit entsprechen zu können[5]. Wird

---

[3] Daher schreibt § 10 KWG unter Berücksichtigung der „Grundsätze über das Eigenkapital und die Liquidität der Kreditinstitute" (Bekanntmachung Nr. 1/64 des Bundesaufsichtsamtes für das Kreditwesen vom 25. August 1964. In: Sonderdruck aus Monatsberichte der Deutschen Bundesbank. Dezember 1964) die Einhaltung bestimmter Liquiditätsreserven vor. Zwar werden diese nicht direkt durch ein festes Kassenreserve/Einlagenverhältnis fixiert, um willkürliche Manipulationen einzuschränken, sondern indirekt über die Definition der als lang- und kurzfristige Finanzierungsmittel anzusehenden Passivpositionen. — Den Sparkassen wird in der Mustersatzung ausdrücklich die Berücksichtigung der Liquiditätserfordernisse im Rahmen ihrer Anlagepolitik vorgeschrieben (§ 2 Abs. 3, Verordnung über die Mustersatzung für die Sparkassen in Niedersachsen vom 15. Oktober 1962. Niedersächsisches Gesetz- und Verordnungsblatt S. 204), so daß jederzeit eine ausreichende Zahlungsbereitschaft gewährleistet ist (§ 23 Abs. 3). Rentabilitätsvorschriften wurden jedoch nicht erlassen. Eine Ausnahme machen nur Hypothekenbankgesetz § 6 Abs. 1 (vom 5. 2. 1963 BGBl. I S. 81), Schiffsbankgesetz § 6 Abs. 1 (vom 8. 5. 1963 BGBl. I S. 301) sowie Pfandbriefgesetz § 2 Abs. 1 (vom 8. 5. 1963 BGBl. I S. 312), die vorschreiben, daß die umlaufenden Pfandbriefe durch Hypotheken von mindestens gleichem Zinsertrag gedeckt werden müssen.

[4] Vgl. auch eine amerikanische Untersuchung über dieses Problem, die mit gewissen Einschränkungen zu ähnlichen Ergebnissen kommt. *Alhadeff*, C. P., und D. A. *Alhadeff:* Recent Bank Mergers. In: The Quarterly Journal of Economics. Vol. LXIX (1955). S. 506 ff.

[5] *Day*, A. C. L.: Outline of Monetary Economics. Oxford 1966. S. 150: „... the commercial banks strive to maintain a constant ratio between their cash reserves and their total deposit liabilities. The twin pulls of prudence

diese angesteuerte Relation gestört, sei es durch Mittelzu- oder -abflüsse — gleichgültig auf welchen Ursachen sie beruhen —, so ist es das Bestreben einer Bank, die ursprüngliche Relation wieder herzustellen. Ein als Beispiel angenommener Zentralbankgeldzustrom erhöht die Einlagen und die Kassenreserven um den absolut gleichen Betrag. Relativ nehmen jedoch die Kassenreserven stärker zu als die Einlagen, weil die Kassenreserven stets nur einen Teil der Einlagen ausmachen. Das Verhältnis Kassenreserven/Einlagen steigt. Diese veränderte Relation erhöht die Bereitschaft des Instituts zur Kreditvergabe. Die Geschäftsleitung wird versuchen, über eine Ausdehnung des Kreditvolumens die ursprüngliche Kassenreserve/Einlagenrelation wieder herzustellen. In der Regel gelingt das erst mit einer gewissen Verzögerung, so daß zwischenzeitlich die Zentralbankguthaben an andere Banken ausgeliehen oder in kurzfristigen Papieren und dergl. angelegt werden, die als liquide Reserve anzusehen sind. Erst nach und nach kommt es zur Erreichung der angestrebten Relation.

(2) Das zweite Motiv sind Kostenüberlegungen, die mit dem ersten eng zusammenhängen. Ein Mittelzufluß ist gleichzeitig mit einem steigenden Zinsaufwand verbunden, so daß ein Kreditinstitut sich bemühen wird, über eine Erhöhung der Erträge die zusätzlichen Kosten aufzufangen. Dieses Streben hat aber seine Grenze an der anzusteuernden Liquiditätsrelation, die letztlich ausschlaggebend für die Kreditbereitschaft einer Bank ist.

## 2. Die Liquiditätsveränderungen im Bankensystem

Bei Betrachtung des gesamten Bankensystems bleiben zwar die Verhaltensweisen der Einzelbanken gleich, nur sind die Ergebnisse gesamtwirtschaftlich anders zu beurteilen, und zwar je nachdem ob Veränderungen nur zwischen den Kreditinstituten oder zwischen Kreditinstituten und Zentralbank eintreten. Fließen beispielsweise einem Kreditinstitut I liquide Mittel dadurch zu, daß zugunsten eines ihrer Gläubiger ein Betrag von einem Kunden bei einer anderen Bank II überwiesen wird, so wird der oben unter Abschnitt 1 aufgezeigte Prozeß bei der Bank I ausgelöst, d. h. sie wird versuchen, Kredit zu gewähren. Bei der Bank II setzen entgegengerichtete geschäftspolitische Maßnahmen ein, um den Verlust der liquiden Mittel auszugleichen. Bei einer zusammen-

---

and of desire for profit may well ensure this, but in many countries it has been considered that prudence may not always be a sufficiently powerful force. In those countries, the law has imposed minimum cash reserve ratios. These ratios may be either the ratios between total cash and liabilities or only between cash held in the form of deposits at the central bank and liabilities."

gefaßten Betrachtung heben sich die Wirkungen bei I und II auf, so daß insgesamt weder eine Kreditexpansion noch Kreditkontraktion stattzufinden braucht. Die liquiden Mittel bleiben konstant.

Anders ist die Situation, wenn eine Überweisung durch einen Girokunden der Notenbank, z. B. den Staat, zugunsten der Bank I vorgenommen wird. In diesem Fall haben sich, wie im vorigen Beispiel, die liquiden Mittel von I erhöht, ohne daß dem gleichzeitig eine Abnahme bei einer anderen Bank gegenüber steht. Damit ist die Liquidität des gesamten Bankensystems gestiegen. Die einsetzenden Wirkungen bei Bank I werden nicht durch entgegengesetzte Maßnahmen bei den übrigen Banken kompensiert.

### 3. Die Bedeutung saldenmechanischer Zusammenhänge

Die Zahlungen aufgrund von zusätzlichen Krediten und vorhandenen Guthaben innerhalb des Bankensystems schlagen sich ceteris paribus wieder in erhöhten Guthaben oder über Kredittilgungen in verminderten Krediten nieder, so daß sich der Zentralbankgeldbestand insgesamt nicht verändert. Vergleicht man die konsolidierte Bankbilanz zu Beginn einer Periode mit der am Ende der Periode, so kommen die Transaktionen während dieser Zeit bei einem geschlossenen System ohne Notenbank lediglich in einer gleich hohen Veränderung der Kredite und Einlagen zum Ausdruck. Die Volumenänderung richtet sich nach den Gläubiger- und Schuldnerpositionen von Zahler und Zahlungsempfänger. Die Zahlungsvorgänge lassen sich auf vier Grundformen zurückführen:

(a) Bankgläubiger zahlt an Bankgläubiger
(b) Bankschuldner zahlt an Bankschuldner
(c) Bankgläubiger zahlt an Bankschuldner
(d) Bankschuldner zahlt an Bankgläubiger

Transaktionen gemäß (a) und (b) lassen die konsolidierte Bankbilanz unverändert. Die Verminderung von Guthaben wird durch eine entsprechende Erhöhung der Guthaben (a) bzw. eine Erhöhung der Kredite durch eine Rückzahlung von Krediten kompensiert (b). Im Fall (c) vermindern sich Guthaben und Kredite, während im letzten Beispiel (d) Kredite und Guthaben um den gleichen Betrag ansteigen. Nun kommen zwar alle Transaktionsarten gleichzeitig vor. Stets müssen aber in einem geschlossenen System die Kreditveränderungen gleich den Einlagenveränderungen sein. Diese Gleichheit ist nur dann nicht gegeben, wenn Zahlungsströme per Saldo die Grenzen dieses Systems überschreiten[6]. Fließt mehr Zentralbankgeld zu, so nehmen die Einlagen relativ

[6] Vgl. hierzu *Lautenbach,* W.: Zins, Kredit und Produktion. Herausgeber Stützel, W. Tübingen 1952. S. 80 ff. und *Stützel,* W.: Volkswirtschaftliche Saldenmechanik. Tübingen 1958. S. 69 f.

stärker zu als die Kredite. Der Saldo zwischen den Einlagen und den Krediten zeigt also die Veränderung des Bestandes an Zentralbankgeld an[7]. Für die Höhe dieses Saldos ist es unerheblich, ob an den Zahlungsvorgängen Bankgläubiger oder -schuldner beteiligt sind. Der Saldo ist in jedem Fall gleich hoch.

### 4. Die Bankenliquidität

Die Differenz zwischen den Einlagen und Krediten stellt also das Ergebnis aller vorangegangenen Zentralbankgeldzu- und -abflüsse im Bankensektor dar. Sie hat ihre Ursache in der Aufteilung des monetären Systems in Notenbank und Geschäftsbanken. Gäbe es nur eine Bank oder Bankenart, so müßte „sich das im Aktivgeschäft an Nichtbanken ausgeliehene Geld in Einlagen oder Noten auf der Passivseite dieser Bilanz niederschlagen“[8]. Dadurch aber, daß neben den Kreditinstituten eine Zentralbank besteht und diese Geschäfte mit Nichtbanken betreibt, werden Ungleichgewichte hervorgerufen: Die den Nichtbanken gewährten Kredite entsprechen nicht mehr dem Volumen der Nichtbankeneinlagen. Als Differenz ergibt sich der Bestand des Bankensystems an Zentralbankgeld. Er ist das Spiegelbild der Ungleichgewichte, die durch die Geschäfte der Nichtbanken mit der Zentralbank entstanden sind. Dieser Bestand an liquiden Mitteln ist Voraussetzung für die Funktionsfähigkeit eines einstufigen Bankensystems. Gibt es nur eine Universalbank, so besteht für ein derartiges Institut kein Liquiditätsproblem im Inland, weil es mit Forderungen auf sich selber zahlen kann[9]. Durch die Erweiterung des Systems um eine übergeordnete Zentralbank wird das Liquiditätsproblem akut, weil nun nicht mehr allein Bankverbindlichkeiten, sondern auch Zentralbankgeld Zahlungsmittel sind. In dieser Situation dürfen bei den Kreditinstituten die Einlagen und Kredite nicht gleich groß sein, vielmehr muß folgende Bedingung erfüllt sein:

$$\text{Kredite} < \text{Einlagen}$$

Die Bankenliquidität soll deshalb, wie bei Köhler, als Saldo der Einlagen von Nichtbanken und der Kredite an Nichtbanken definiert werden. Die Errechnung der Bankenliquidität aus der Gegenüberstellung von Einlagen und Krediten legt es nahe, die Bankenliquidität auch als Liquiditätssaldo zu bezeichnen[10].

---

[7] *Köhler,* Cl.: Der Geldkreislauf. Geldtheoretische Thesen im Spiegel der Empirie. Berlin 1962. S. 55.

[8] *Köhler,* Cl.: Der Geldkreislauf ..., S. 55.

[9] Vgl. *Schneider,* E.: Einführung in die Wirtschaftstheorie. Band III. 5. verbesserte Auflage. Tübingen 1959. S. 18.

[10] Vgl. *Köhler,* Cl.: Der Geldkreislauf ..., S. 55.

Durch diese Begriffe wird die Eigenart der Bankenliquidität als Resultante entgegengerichteter Stromgrößen unterstrichen. Hiervon sind die sonst in der Betriebswirtschaftslehre und der Volkswirtschaftslehre gängigen Liquiditätsbegriffe zu trennen, die meistens unter ganz anderen Gesichtspunkten gebildet wurden und entsprechend abweichende Inhalte haben.

Da die Bankenliquidität durch die Differenz von Einlagen und Krediten (ohne Interbankpositionen) bestimmt wird, ist es notwendig, kurz auf beide Größen einzugehen. Unter Einlagen sollen die gesamten Posten der Passivseite verstanden werden, weil sie den Umfang der Mittel kennzeichnen, die den Banken vom Nichtbankensektor zur Verfügung gestellt wurden, gleichgültig in welcher Form — sei es als Eigenkapital mit praktisch unbegrenzter Dauer, oder sei es als zeitlich befristete Einlagen.

Zu den Krediten sind folgende Aktiva zu zählen: Debitoren, langfristige Ausleihungen, durchlaufende Kredite, Ausgleichsforderungen, Konsortialbeteiligungen, Grundstücke und Gebäude und sonstige Aktiva; außerdem Inlandswechsel und Wertpapiere, soweit sie das Rediskont- bzw. Lombardkontingent übersteigen.

Es mag zunächst überraschen, daß auch Grundstücke und Gebäude zu den Krediten gezählt werden. Da es hier aber um die Kennzeichnung der Liquiditätsströme geht und über den Erwerb dieser Aktiva durch die Banken wie über die Kredite im herkömmlichen Sinne den Nichtbanken Mittel zugeflossen sind, erscheint es gerechtfertigt, diese Position den Krediten zuzuordnen. Köhler verwendet in seinen Geldstromanalysen für Kredite deshalb den Ausdruck „Mittelbereitstellung der Kreditinstitute an Nichtbanken" und für Einlagen „Mittelaufkommen von Nichtbanken bei den Kreditinstituten"[11]. So lassen sich die Richtungen der Stromgrößen noch deutlicher kennzeichnen als mit den Begriffen Einlagen und Kredite.

Die Kreditinstitute reagieren auf Liquiditätssaldenveränderungen durch Ausgleichsoperationen, um ein Zuviel oder Zuwenig an Zentralbankgeld zu beseitigen[12]. Zuflüsse werden zur Schuldenrückzahlung bei der Notenbank, zum Ankauf von Offenmarktpapieren oder zum Aufbau von Auslandsanlagen verwendet, während Zentralbankgeldverluste durch Auflösung von Auslandsanlagen, Rückgabe von Offenmarktpapie-

---

[11] *Köhler*, Cl.: Liquiditätseinbußen am westdeutschen Geldmarkt. In: WWI Mitteilungen. 12. Jahrg. (1959). S. 297.

[12] Vgl. Monatsberichte der Deutschen Bundesbank. April 1965. S. 34 sowie *Hagenmüller*, K. F.: Bankbetrieb und Bankpolitik . . ., S. 257 f. Hagenmüller spricht in diesem Zusammenhang von Ausgleichsdispositionen, die „zwischen den Ein- und Auszahlungsströmen den erforderlichen Spitzenausgleich herstellen".

ren oder Kreditaufnahme bei der Notenbank ausgeglichen werden[13]. Diese Maßnahmen beeinflussen jedoch nicht den Saldo von Einlagen und Krediten, sondern verändern lediglich seine Geldnähe[14]. Sie bewirken eine Umschichtung innerhalb der liquiden Mittel. Es handelt sich quasi um eine Ersatzanlage bzw. -auflösung, bis die Banken mit ihrem Kreditvolumen nachziehen können. Die Verzögerung tritt ein, weil die Kredite meistens nicht kurzfristig ausgeweitet oder eingeschränkt werden können.

### 5. Die Liquiditätssaldenveränderungen und die Liquiditätsquote

Ergänzend zu den Überlegungen hinsichtlich der Ausgleichsoperationen soll hier noch kurz die Bedeutung der Liquiditätsquote oder Liquiditätsrelation erörtert werden, um Fehlinterpretationen entgegenzuwirken, die leicht bei isolierter Betrachtung von Liquiditätssaldenveränderungen auftreten können. — Die Liquiditätsquote kennzeichnet die Zahlungsfähigkeit der Banken[15]. Sie gibt das Verhältnis von liquiden Mitteln zu Einlagen wieder. Die Zusammenhänge zwischen Liquiditätssaldo und -quote sollen an zwei Beispielen deutlich gemacht werden.

*(1) Kredite und Einlagen verändern sich um den absolut gleichen Betrag.* Der Liquiditätssaldo bleibt konstant. Je stärker nun Kredite und Einlagen wachsen, desto kleiner wird die Liquiditätsquote, weil die liquiden Mittel im Zähler unverändert bleiben, während die Einlagen im Nenner zunehmen. Würde man sich bei der Beurteilung der Kreditbereitschaft des Bankensystems allein auf den Liquiditätssaldo stützen und aufgrund der Konstanz dieses Saldos auf eine unveränderte Kreditbereitschaft schließen, so wäre das offensichtlich nicht richtig; denn den liquiden Mitteln stehen immer mehr Einlagen gegenüber, die als potentielle Ansprüche auf Auszahlung in Zentralbankgeld in Betracht kommen. Da aber eine ständige Zahlungsfähigkeit Voraussetzung für die Existenz der Institute ist, hat sich deren Bereitschaft zur Ausdehnung des Kreditvolumens vermindert.

---

[13] Die Reihenfolge, in der die Ausgleichsoperationen ablaufen, wird im wesentlichen durch Zinsüberlegungen der Kreditinstitute bestimmt. *Köhler,* Cl.: Der Geldkreislauf..., S. 99 ff.

[14] Zum Begriff der Geldnähe vgl. *Veit,* O.: Grundriß der Währungspolitik..., S. 217. Veit bezeichnet die unterschiedliche Geldnähe von Aktivwerten als Liquiditätsgrad. Danach besitzt Zentralbankgeld den höchsten und nicht verwertbare Aktiva den geringsten Liquiditätsgrad. Ähnlich auch *Rittershausen,* H.: Bankpolitik. Frankfurt/M. 1956. S. 90 f.

[15] Vgl. *Hagenmüller,* K. F.: Bankbetrieb und Bankpolitik..., S. 255 ff. und *Mellerowicz,* K.: Liquidität. In: Die Deutsche Bankwirtschaft. 3. Band. Berlin 1938. S. 441 ff.; *Andreas,* K.: Die theoretischen Grundlagen der Geldpolitik..., S. 8.

*(2) Kredite verändern sich langsamer oder schneller als Einlagen.* Nehmen die Kredite z. B. absolut langsamer zu als die Einlagen, so erhöhen sich die Zentralbankguthaben und damit die liquiden Mittel des Bankensystems. Die Veränderung der Liquiditätsquote hängt dabei von der relativen Zunahme der liquiden Mittel und der Einlagen ab. Nehmen die liquiden Mittel relativ schneller zu als die Einlagen, so verbessert sich die Liquiditätsquote und damit die Bereitschaft der Banken, Kredite zu gewähren. Erhöhen sich aber die Einlagen relativ stärker als der Zentralbankgeldbestand, so vermindert sich die Liquiditätsquote — der Status wird ungünstiger. Damit wird deutlich, daß es für die Beurteilung der Zahlungsfähigkeit nicht ausreicht, allein die Entwicklung der Differenz zwischen Einlagen und Krediten zu verfolgen. Vielmehr sind außerdem die Veränderungen der Einlagen und Kredite festzustellen, die durch die Gläubiger/Schuldnerposition der an dem Zahlungsverkehr Beteiligten bestimmt werden.

Man sollte annehmen, daß diese Abhängigkeiten ohne weiteres verständlich sind. Stützel weist aber auf die immer wieder auftretenden Interpretationsfehler bei Kreditvolumensbewegungen hin, weil ähnlich einfache rechnerische oder saldenmechanische Gegebenheiten übersehen werden[16].

## II. Die Quellen der Bankenliquidität

Es ist nun die Frage zu beantworten, woher die Kreditinstitute ihre liquiden Mittel erhalten bzw. wohin sie diese abgeben müssen. Die Entstehung und Absorption der Bankenliquidität sind auf bestimmte Ursachen zurückzuführen, die als Quellen der Bankenliquidität bezeichnet werden sollen. Die von diesen Quellen ausgehenden Ströme tragen entweder positive oder negative Vorzeichen, je nachdem ob sie die Bankenliquidität erhöhen oder vermindern.

Unter dem Gesichtspunkt einer kontinuierlichen Liquiditätsversorgung der Banken ist es von großer Bedeutung, welche Rolle die einzelnen Quellen in diesem Versorgungssystem spielen: Entsprechen sie den Zielen der kontinuierlichen Liquiditätsversorgung oder laufen sie ihnen entgegen. Und wenn sie ihnen entgegenlaufen, können sie so manipuliert werden, daß sie schließlich doch den allgemeinen Zielvorstellungen entsprechen? Oder kann man bei erfolgloser Einflußnahme auf einzelne Quellen mit anderen Maßnahmen gegensteuern?

---

[16] *Stützel*, W.: Ist die schleichende Inflation durch monetäre Maßnahmen zu beeinflussen? In: Inwieweit ist die schleichende Inflation durch monetäre Maßnahmen zu bekämpfen? Beihefte der Konjunkturpolitik. Heft 7. Berlin 1960. S. 16 ff.; ähnlich *Andreas*, K.: Die theoretischen Grundlagen der Geldpolitik ..., S. 12.

Die Liquiditätsquellen lassen sich nach ihrer Steuerbarkeit in zwei Gruppen gliedern. Auf der einen Seite stehen solche, die sich einer Steuerung durch das kreditpolitische Instrumentarium weitgehend entziehen, während auf der anderen Seite Quellen vorhanden sind, die selber Bestandteil kreditpolitischer Maßnahmen sind. Allen ist aber entsprechend ihrer Definition gemeinsam, daß sie Liquiditätssalden hervorrufen.

Die autonomen, nicht beeinflußbaren Liquiditätsquellen sollen als Marktfaktoren bezeichnet werden. Sie stellen für die Notenbank und die Kreditinstitute vor allem kurzfristig Daten dar, die von diesen als unveränderliche Größen hingenommen werden müssen und zur Anpassung zwingen.

Die Marktfaktoren werden durch die Summe der wirtschaftlichen Vorgänge in und außerhalb einer Volkswirtschaft bestimmt. Da Notenbank und Kreditinstitute Teil dieses Systems sind, tragen sie durch ihr jeweiliges Verhalten indirekt zur Gestaltung der Daten bei[1]. Am Ende einer Periode ergeben sich dann als Resultat der vielfältigen Aktionen und Reaktionen wiederum Daten, die der unmittelbaren Einflußnahme durch die Marktpartner nicht zugänglich sind. Zu den Marktfaktoren in diesem Sinne zählen u. a. die Zahlungsbilanz, Kassentransaktionen der Öffentlichen Hand und der Bargeldumlauf[2]. Martell spricht in diesem Zusammenhang von der zentralbankunabhängigen und zentralbankabhängigen Geldversorgung[3], was sich mit unserer Definition im wesentlichen deckt.

---

[1] *Eucken*, W.: Die Grundlagen der Nationalökonomie. 6. Auflage. Berlin/Göttingen/Heidelberg 1950. S. 157: „Ökonomische Tatsachen und Hergänge, die sich aus einer Datenkonstellation ergeben, können auch auf die gesamtwirtschaftlichen Daten zurückwirken."

[2] Die Bundesbank spricht in diesem Zusammenhang von den überwiegend „marktmäßigen" Bestimmungsfaktoren, weil die kreditpolitischen Einflüsse von den Marktfaktoren nicht völlig isoliert werden können. „So berührt z. B. eine Entscheidung der Bundesbank, ob und inwieweit öffentliche Gelder, die nach § 17 des Bundesbankgesetzes bei ihr anzulegen wären, für ‚anderweitige Anlagen' freigegeben werden oder ob Kassenkredit an öffentliche Stellen gewährt wird, die Bankenliquidität ebenso wie die Entscheidung darüber, ob und inwieweit Geldmarktpapiere an Nichtbanken abgegeben werden. Gleichwohl werden Vorgänge der genannten Art unter den überwiegend ‚marktmäßigen' Bestimmungsfaktoren ausgewiesen." Monatsberichte der Deutschen Bundesbank. April 1965. S. 32. Für diese Arbeit erscheint es jedoch nicht gerechtfertigt, den Begriff Marktfaktor so weit auszulegen, weil hier gerade auf die kreditpolitische Bedeutung der nicht marktmäßigen Bestimmungsfaktoren eingegangen werden soll.

[3] *Martell*, H.: Probleme der Geldversorgung der westdeutschen Wirtschaft. In: Inwieweit ist die schleichende Inflation durch monetäre Maßnahmen zu bekämpfen? Beihefte der Konjunkturpolitik. Heft 7 (1960). Seite 63. *Veit*, O.: Grundriß der Währungspolitik ..., S. 257.

## 1. Die marktmäßigen Bestimmungsfaktoren der Bankenliquidität

### *a) Der Bargeldumlauf*

Der Bargeldumlauf ist Teil des gesamten Zentralbankgeldbestandes einer Volkswirtschaft und setzt sich aus Noten und Münzen zusammen. Welcher Teil des Zentralbankgeldes in bar durch die Nichtbanken abgefordert wird, richtet sich nach der Verkehrssitte, dem Vertrauen in das Bankensystem und der Zahlungstechnik, entzieht sich jedoch einer Einflußnahme durch die Notenbank[4].

Benötigt der Nichtbankensektor Bargeld, so fordert er diesen Betrag von den Kreditinstituten ab — entweder zulasten seiner Guthaben oder durch Inanspruchnahme von Krediten. Die Banken beschaffen sich dann bei der Zentralbank aufgrund ihrer Zentralbankguthaben die gewünschten Noten und geben diese an die Nichtbanken weiter. Daher lassen sich Bargeldvolumensänderungen als Geschäfte der Nichtbanken mit der Notenbank auffassen, weil die Kreditinstitute nur als Mittler eingeschaltet sind und die Zentralbank aus den Noten verpflichtet wird. So führt jede Schwankung des Bargeldumlaufs über veränderte Einlagen oder Kredite zu einer Erhöhung oder Senkung des Einlagen/Kreditsaldos und damit der Bankenliquidität.

Langfristig weist der Bargeldumlauf einen steigenden Trend auf, der den Kreditinstituten ständig liquide Mittel entzieht. Die Ursachen für diesen Anstieg sind auf das Wachstum der Wirtschaft und die damit verbundene Zunahme des nominalen Volkseinkommens zurückzuführen. Der Liquiditätsverlust beläuft sich in der Bundesrepublik im Jahr auf etwa 1 bis 2 Milliarden DM.

Neben dieser langfristigen Entwicklung wird der Bargeldumlauf durch kürzerfristige Bewegungen geprägt. Das gilt einmal für den Wochenrhythmus, bedingt durch die siebentägigen Lohnzahlungen und die mit dem arbeitsfreien Sonnabend der Kreditinstitute verbundene höhere Kassenhaltung der Nichtbanken. Zum Wochenende steigt der Bargeldumlauf deshalb an und sinkt entsprechend den Rückflüssen in den folgenden Tagen wieder ab. Der Wochenrhythmus wird überlagert von einem noch ausgeprägteren Monatsrhythmus, der hauptsächlich

---

[4] Daher war auch die Festsetzung einer Bargeldumlaufsgrenze durch das zweite Gesetz zur Neuordnung des Geldwesens von 20. Juni 1948 (§ 5, Verordnungsblatt für die Britische Zone vom 23. Juni 1948. S. 147) theoretisch verfehlt, da sich eine Begrenzung, wenn sie überhaupt sinnvoll sein sollte, nur auf das gesamte Zentralbankgeld, jedoch nicht allein auf eine bestimmte Art erstrecken durfte. Mit dem Bundesbankgesetz v. 26. Juli 1957 (BGBl. I S. 745) wurde das Emissionsgesetz außer Kraft gesetzt, ohne daß eine andere Vorschrift an seine Stelle trat. Vgl. *v. Spindler,* J., W. *Becker* und O.-E. *Starke:* Die Deutsche Bundesbank. 2. erweiterte Auflage. Stuttgart 1960. S. 181 und *Veit,* O.: Grundriß der Währungspolitik . . ., S. 216.

durch die monatlichen Gehalts- und Lohnzahlungen entsteht. Die Schwankungen sind besonders einschneidend, wenn die wöchentlichen und monatlichen Zahlungen zusammenfallen und sich beide Zyklen kumulieren. Schließlich hat sich noch ein Jahresrhythmus gebildet, der durch saisonbedingte Anforderungen (Reisezeit, Feiertage) bestimmt wird[5]. Diesen Schwankungen kann das Bankensystem nicht ausweichen. Sie erhöhen tendenziell den Liquiditätsentzug, weil sich die Kreditinstitute bei ihren Dispositionen auf die Spitzenbelastung einrichten und entsprechend liquide Mittel bereithalten müssen.

### *b) Die Zahlungsbilanz*

Ein weiterer wichtiger marktmäßiger Bestimmungsgrund der Bankenliquidität ist die Zahlungsbilanz, weil sie meistens nicht ausgeglichen ist. Da die Liquiditätswirkungen durch den Umfang des Zahlungsbilanzsaldos bestimmt werden, dieser Saldo aber sehr unterschiedlich definiert wird, muß hier kurz auf das Wesen einer Zahlungsbilanz eingegangen werden.

Die Zahlungsbilanz ist eine systematische Aufzeichnung aller Transaktionen, die Gegenstand des Wirtschaftsverkehrs sind, zwischen Inländern und Ausländern innerhalb einer Periode[6]. Sie ist keine Beständebilanz, sondern eine Bewegungsbilanz, da sie nur die Veränderungen in einer Periode festhält. Ex definitione ist eine Bilanz stets ausgeglichen. Wenn dennoch von einem Zahlungsbilanzüberschuß oder -defizit gesprochen wird, so wird eine Position unter den Bilanzstrich gezogen, um mit dieser Größe die Zahlungsbilanzentwicklung zu kennzeichnen. Dementsprechend gibt es verschiedene „Zahlungsbilanzkonzepte", die sich hauptsächlich durch den materiellen Inhalt des Saldos unterscheiden[7]. In der Bundesrepublik wird als Differenz die Veränderung der zentralen Devisenreserven berechnet. In dieser Arbeit soll unter einem Zahlungsbilanzsaldo die Erhöhung oder Verminderung der Devisen verstanden werden, jedoch sind sowohl die Veränderungen der Devisenbestände bei der Zentralbank als auch bei den Kreditinstituten eingeschlossen. Gegenstand dieser Arbeit ist es nämlich, u. a. die Einflüsse des Außenwirtschaftsverkehrs auf die Bankenliquidität festzustellen. Da es keinen großen Unterschied macht, ob die Kreditinstitute ihre De-

---

[5] Vgl. die ausführliche Analyse der Bargeldschwankungen bei *Kippenberger*, H.: Geldmenge und Umschlagshäufigkeit..., S. 126 ff.

[6] Vgl. International Monetary Fund: Balance of Payments Manual. Final Draft. 3. ed. Washington D. C. 1960. S. 4; *Stobbe*, A.: Volkswirtschaftliches Rechnungswesen. Berlin/Heidelberg/New York 1966. S. 209 ff.; vgl. *Kruse*, A.: Aussenwirtschaft. Die internationalen Wirtschaftsbeziehungen. Berlin 1958. S. 163.

[7] Vgl. *Funck*, R.: Zahlungsbilanz. In: Handwörterbuch der Sozialwissenschaften. 12. Band. Stuttgart/Tübingen/Göttingen 1965. S. 377 f.

visen zu Anlagezwecken behalten oder diese an die Notenbank gegen Zentralbankgeld verkaufen[8], sollen hier unter Zahlungsbilanzsaldo die Veränderungen der Devisenbestände der Notenbank *und* der Kreditinstitute verstanden werden. Dies erscheint gerechtfertigt, weil die Devisen bei Banken liquide Mittel darstellen. Außerdem kann die Notenbank die Verteilung der Devisenbestände zwischen sich und dem Bankensystem manipulieren. Hinzuweisen ist hier z. B. auf die Swappolitik, die zeitweise dazu eingesetzt wurde, über einen Geldexport der Kreditinstitute die von der Zentralbank ausgewiesenen Devisenbestände zu senken[9]. Ähnliche Maßnahmen wurden auch in Italien getroffen, um Verlagerungen der Devisen zwischen Notenbank und Kreditinstituten zu erreichen[10].

Devisen sind in der Hand von Banken solange dem Zentralbankgeld gleichzustellen, wie die Notenbank sich verpflichtet hat, jeden Devisenbetrag innerhalb einer Schwankungsbreite von + — $^{3}/_{4}$ % bzw. bei Nichtdollardevisen von Mitgliedsländern des Europäischen Währungsabkommens von maximal + — $1^{1}/_{2}$ % über oder unter der Parität anzukaufen[11]. Es würde ein verzerrtes Bild bei der Beurteilung der von der Zahlungsbilanz ausgehenden Liquiditätswirkungen entstehen, wenn nur die zentralen Devisenreserven betrachtet würden. In diesem Fall müßte der Rückruf von kurzfristigen Auslandsanlagen durch die Banken und deren Umtausch bei der Notenbank als eine Erhöhung der Bankenliquidität bewertet werden. Tatsächlich wird aber nur innerhalb der liquiden Mittel eine Umstrukturierung vorgenommen. Daher wird „... der Einfluß der Auslandstransaktionen auf die Bankenliquidität an Hand der Gesamtveränderung der zentralen Währungsreserven und der kurzfristigen Auslandsanlagen der Kreditinstitute beurteilt. Reine Verschiebungen zwischen den ausländischen Geldanlagen der Kreditinstitute einerseits und den Devisenreserven der Bundesbank andererseits, wie sie insbesondere am Jahresende in großem Umfang vorzukommen pfle-

---

[8] „Die kurzfristigen Auslandsanlagen der Banken ... sind ‚so gut wie' Zentralbankgeld". Monatsberichte der Deutschen Bundesbank. April 1965. S. 29.

[9] *Janocha*, P.: Intervention und Kooperation der Zentralbanken auf den Devisenmärkten nach dem zweiten Weltkrieg. Tübingen 1966. S. 20 f.

[10] Vgl. Geschäftsbericht der Deutschen Bundesbank für das Jahr 1965. S. 37.

[11] Verpflichtet ist genau genommen nur die Bundesregierung durch das Gesetz über den Beitritt der Bundesrepublik Deutschland zu den Abkommen über den Internationalen Währungsfonds (International Monetary Fund) und über die Internationale Bank für Wiederaufbau und Entwicklung (International Bank for Reconstruction and Development) vom 28. Juli 1952. BGBl. II S. 637, weil nur Regierungen Mitglieder des IWF sein können. (Artikel II des Abkommens über den Internationalen Währungsfonds.) In einer Verwaltungsvereinbarung zwischen Bund und Bundesbank hat sich letztere verpflichtet, den Devisenan- und -verkauf entsprechend den Bestimmungen des IWF durchzuführen. Vgl. *v. Spindler*, J., W. *Becker* und O.-E. *Starke:* Die Deutsche Bundesbank ..., S. 132.

gen, lassen sich deshalb aus den Veränderungen der liquiditätsbestimmenden Faktoren nicht erkennen“[12].

Wenn Zahlungsbilanzsalden zu einer Veränderung der Bankenliquidität führen, dann müssen sich diese Salden in Geschäften der Nichtbanken mit der Notenbank niederschlagen, denn das ist das Kriterium für Liquiditätssaldenveränderungen. Im Normalfall verkaufen Nichtbanken ihre Devisen an die Kreditinstitute, welche ihrerseits einen Verkauf an die Notenbank gegen Zentralbankgeld vornehmen. Die Banken stehen praktisch als Händler zwischen ihren Kunden und der Notenbank. Im Endeffekt haben die Nichtbanken an die Notenbank Devisen abgegeben. Dadurch erhöhen (vermindern) sich die Einlagen (Kredite) bei den Kreditinstituten, während die Kredite (Einlagen) konstant bleiben, so daß die liquiden Mittel zunehmen. Entsprechendes gilt auch, wenn eine Bank auf den Weiterverkauf der Devisen verzichtet, um diese im Ausland kurzfristig anzulegen, weil die jederzeitige Umtauschmöglichkeit bei der Notenbank in Zentralbankgeld bestehen bleibt.

Schließlich ist noch darauf hinzuweisen, daß die Liquiditätssaldenveränderungen aufgrund der Zahlungsbilanz nicht gleichmäßig im gesamten Bankensystem auftreten, sondern gemäß der bei relativ wenigen Banken konzentrierten Außenhandelstätigkeit, hauptsächlich bei den Instituten des privaten Bankgewerbes[13], und hier wiederum bei den Großbanken[14]. Diese Kreditinstitute spüren unmittelbar die Liquiditätszu- und -abflüsse, während das übrige Bankensystem erst in zweiter Linie betroffen wird. Inwieweit die nicht am Außenhandel beteiligten Banken Liquiditätsveränderungen erfahren, hängt von zahlreichen Faktoren ab, wie Verschuldung der Außenhandelsbanken gegenüber der Notenbank, Zinshöhe am Geldmarkt, Abgabe- und Rücknahmesätze für Offenmarktpapiere, Kreditnachfrage der Kunden etc. Es ist grundsätzlich denkbar, daß Außenhandelsbanken bei einer Erhöhung der Liquiditätssalden und entsprechenden Geldmarktsätzen Mobilisierungstitel kaufen, obwohl andere Kreditinstitute liquide Mittel zur Ausdehnung ihres Kreditvolumens suchen. Dies mag auf den ersten Blick als ein Widerspruch erscheinen, weil bei einem gewinnorientierten Handeln Gelder dort angelegt werden, wo sie — unter Berücksichtigung der Sicherheit — die höchste Verzinsung erbringen. Auf das Beispiel angewandt, hätten die Banken, deren Geldnachfrage nicht befriedigt wurde, höhere Zinsen bieten müssen, um bei der Gelddisposition der Außen-

---

[12] Monatsberichte der Deutschen Bundesbank. April 1965. S. 33.

[13] *Könneker*, W.: Der Druck der Bundesbankpolitik. In: Industriekurier Nr. 165 vom 23. 10. 1965. Zitiert in: Deutsche Bundesbank. Auszüge aus Presseartikeln. Nr. 80 vom 29. 10. 1965. S. 5.

[14] Vgl. Monatsberichte der Deutschen Bundesbank. November 1967. S. 12 und S. 21.

handelsbanken berücksichtigt zu werden. Es ist aber möglich, daß die Kreditnachfrage nicht bereit war, diesen Satz zu zahlen, weil sich der Satz um die Spanne der kreditgewährenden Bank erhöht. Anders ausgedrückt hat der Kunde einer Außenhandelsbank unter diesen Bedingungen u. U. niedrigere Kreditzinsen zu zahlen als ein Kunde einer anderen Bank, die sich erst refinanzieren muß.

### *c) Die Kassentransaktionen der Öffentlichen Hand*

Alle Transaktionen der Öffentlichen Hand mit inländischen Nichtbanken, die über die Konten bei der Notenbank abgewickelt werden, führen grundsätzlich zu einer Veränderung der Liquiditätssalden. Leisten z. B. Nichtbanken Zahlungen (Steuern, Gebühren, Abgaben, Beiträge) an den Bund zulasten ihrer Sichtguthaben bei Kreditinstituten, so können die Banken derartige Überweisungen nur über ihre Zentralbankkonten ausführen. In der Notenbankbilanz erhöhen sich die Einlagen der Öffentlichen Hand, während die des Bankensystems um den gleichen Betrag zurückgehen. Damit hat sich bei den Kreditinstituten der Saldo zwischen Einlagen und Krediten vermindert. Umgekehrte Wirkungen gehen von den Zahlungen der Öffentlichen Hand auf Konten bei den Banken aus[15]. Die Bewegungen auf den öffentlichen Konten weisen zum Teil, ähnlich wie beim Bargeldumlauf, eine gewisse Regelmäßigkeit auf. Sie sind auf der Einnahmenseite hauptsächlich durch die Steuertermine bestimmt, auf der Ausgabenseite u. a. durch die Entlohnungszeiträume.

Ein Teil der Steuern ist monatlich jeweils am 10. bzw. 15. zu entrichten[16]. Die Abwicklung der Steuerzahlungen erstreckt sich meistens bis etwa zum 20. des Monats. Während dieses Ansammlungsprozesses werden am 15. d. Mts. die Gehälter der Angestellten und die Löhne der Arbeiter fällig, so daß dem Zustrom bereits ein dämpfender Abstrom entgegenfließt. Der Höchststand der Einlagen ist etwa am 20. d. Mts. erreicht. Die laufenden Zahlungen übersteigen danach die Kasseneingänge, so daß sich dann die Guthaben vermindern, besonders wenn zum Ultimo die Beamtengehälter überwiesen werden.

---

[15] „A payment by the government in the form of either a transfer to a nonbanking economic unit, resulting in an increase in deposit-money, or a transfer to a government account with a deposit-money bank, will lead to an increase in the cash reserves of the deposit-money banks, ... On the other hand, a build-up of government deposits with the central bank (other than matched by borrowing from the central bank) will result in a drain on the cash reserves of the deposit-money banks ..." *Dorrance*, G. S.: The Instruments of Monetary Policy in Countries Without Highly Developed Capital Markets ..., S. 277.

[16] Vgl. die genauen Fälligkeiten der Steuern bei *Escher*, V.: Der Einfluß der Steuertermine auf die Liquidität der Geschäftsbanken und die Refinanzierung der Geschäftsbanken beim Zentralbanksystem. Diss. Köln 1957. S. 15 ff.

Neben diesem Monatsrhythmus besteht ein weiterer Zyklus auf der Einnahmenseite, dessen Ursache die vierteljährlichen Zahlungen der Einkommen- und Körperschaftsteuer sind. Zu diesen Terminen entstehen Akkumulationseffekte, die erhebliche Liquiditätssaldenveränderungen auslösen. Eine gewisse Kompensation wird dadurch erreicht, daß die Vermögensteuer und die Lastenausgleichsabgabe zwar ebenfalls vierteljährlich zu entrichten sind, aber jeweils einen Monat früher als die Einkommen- und Körperschaftsteuer. Die Gewerbesteuer, die gleichzeitig mit der Vermögensteuer fällig ist, bewirkt keine Veränderung der Liquiditätssalden, da sie nicht an das Finanzamt, sondern direkt an die Gemeinden zu überweisen ist[17], die üblicherweise ihre Konten bei den Sparkassen, also im Bankensystem unterhalten.

Auf der Ausgabenseite zeigen sich neben dem durch die Entlohnungstermine bedingten kurzfristigen Rhythmus auch im Jahresverlauf gewisse Regelmäßigkeiten. So weist Nöll von der Nahmer darauf hin, daß am Anfang des Haushaltsjahres die Ausgaben hinter dem monatlichen Durchschnittsbetrag zurückbleiben, weil „nach Beginn des Haushaltsjahres und Inkrafttreten des neuen Haushaltsplanes ... zunächst die Aufträge für Bauten und Lieferung der benötigten Ausstattungen und Büromaterialien erteilt werden (müssen). Die Rechnungen werden erst im Laufe des Haushaltsjahres nach Wareneingang und Prüfung bezahlt“[18]. Zum Jahresende steigen dagegen die Ausgaben, weil die Behörden bestrebt sind, bewilligte Mittel noch rasch auszugeben, da „andernfalls eine unerwünschte Kürzung der betreffenden Ausgabenpositionen bei späteren Haushaltsplänen befürchtet wird“[19].

Die Liquiditätssaldenveränderungen sind also auf zwei Gründe zurückzuführen: Erstens entstehen sie deshalb, weil die Konten der größten öffentlichen Haushalte bei der Bundesbank und nicht bei den Kreditinstituten geführt werden und zweitens, weil sich die Steuereinnahmen zeitlich nicht mit den Ausgaben decken.

Ausgaben können jedoch nicht nur aus Guthaben, sondern auch aus Kassenkrediten der Zentralbank bestritten werden. Diese Kredite erlauben eine Ausdehnung der Ausgaben, ohne daß vorher entsprechende Einnahmen erzielt wurden. Daher stellen sie für das Bankensystem zunächst eine Zufuhr von liquiden Mitteln dar, die erst durch die Tilgung rückgängig gemacht wird. Die Veränderung der Kassenkredite ist also

---

[17] Vgl. *Escher*, V.: Der Einfluß der Steuertermine auf die Liquidität der Geschäftsbanken ..., S. 16.

[18] *Nöll von der Nahmer*, R.: Lehrbuch der Finanzwissenschaft. Band 1. Allgemeine Finanzwissenschaft. Köln/Opladen 1964. S. 98.

[19] *Nöll von der Nahmer*, R.: Lehrbuch der Finanzwissenschaft. Band 1. ..., S. 78.

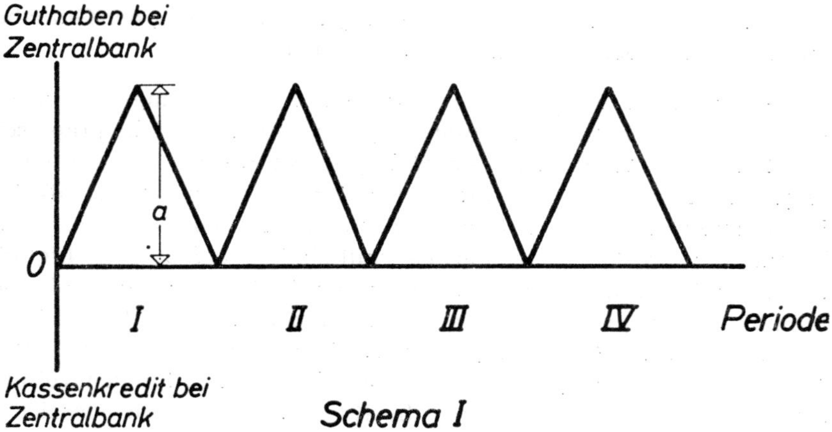


Schema I

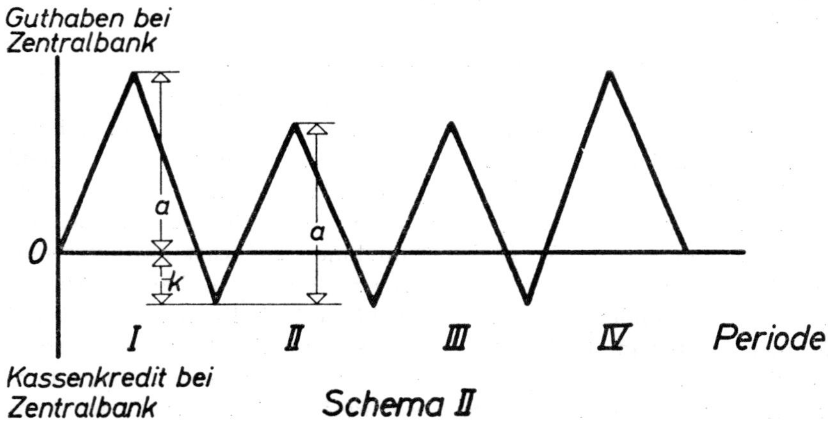


Schema II

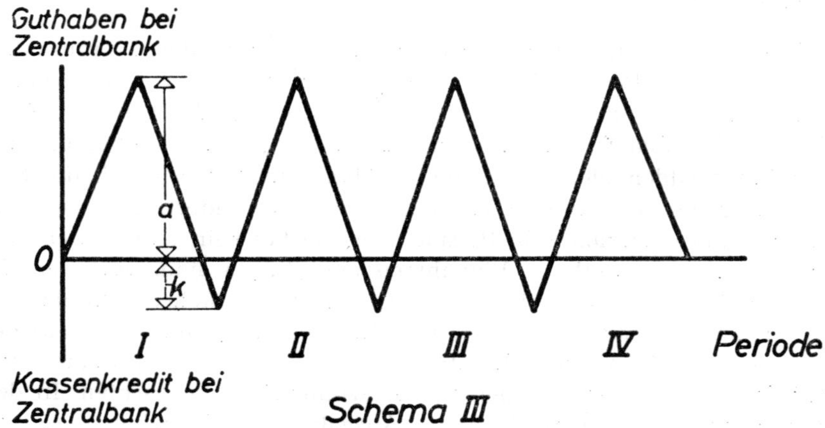


Schema III

Abbildung 1

liquiditätsmäßig mit einer Verminderung bzw. Erhöhung der Guthaben auf den Konten bei der Notenbank vergleichbar.

Die Wirkungen, die von der Aufnahme und Rückzahlung von Kassenkrediten auf die Bankenliquidität ausgehen, sollen durch die graphische Darstellung in Abbildung 1 deutlich gemacht werden. Das Schema I zeigt die Bewegungen der Guthaben auf den Konten der Öffentlichen Hand ohne Kassenkredite. Dabei wird unterstellt, daß die Guthaben zu Beginn und am Ende jeder Periode Null sind, so daß sich die Liquiditätszu- und -abflüsse kompensieren. In der Mitte jeder Periode ist der Liquiditätsentzug in Höhe von a jeweils am höchsten, weil bis dahin die Einzahlungen die Auszahlungen übertreffen. Der dann überwiegende Auszahlungsstrom sorgt bis zum Ende jeder Periode für den völligen Abbau der Guthaben. Die durch die Kassentransaktionen ausgelösten Schwankungen der Bankenliquidität werden in ihrer Höhe durch a angegeben.

Im Schema II wird gegenüber dem Schema I zusätzlich unterstellt, daß am Ende der I. Periode die Ausgaben einmalig um k größer sind als die Einnahmen, so daß ein Kassenkredit in Höhe von k bei der Notenbank aufgenommen werden muß. Treten in den beiden folgenden Perioden keine weiteren Änderungen ein, d. h. entsprechen die Einnahmen wieder den Ausgaben, so erreichen die Guthaben nur noch einen Höchstbetrag von a ./. k, da die Einnahmen zunächst dazu verwendet werden, um die Kassenkredite wieder zu tilgen. Da aber die Ausgaben aus den verminderten Guthaben nicht vollständig bestritten werden können, muß zum Ende jeder Periode Kassenkredit neu beansprucht werden. Erst in der letzten Periode sind die Einnahmen um k größer als die Ausgaben, so daß am Ende dieser Periode Kassenkredit nicht mehr notwendig ist.

Die Liquidität des Bankensektors hat sich während dieser Transaktionen — auf die Periode bezogen — nur beim Übergang von Periode I nach Periode II um k erhöht. Danach bleibt sie wieder konstant. Auch die im Zeitablauf auftretenden Schwankungen der akkumulierten Liquiditätssalden bleiben mit einem Maximum von a durch die Einschaltung des periodischen Kassenkredits unverändert. Erst wenn in einer späteren Periode (im Beispiel Periode IV) kein Kredit mehr beansprucht wird, weil die Einnahmen angestiegen sind, verlieren die Banken Liquidität in Höhe von k. Die Guthaben kehren auf das ursprüngliche Niveau zurück. Der in Schema II dargestellte Verlauf der Guthaben- und Kassenkreditentwicklung ist häufig im Zusammenhang mit den sogenannten „großen Steuerterminen“ zu beobachten. In den Zwischenperioden übersteigen die Ausgaben die Einnahmen, so daß Kassenkredite beansprucht werden müssen, wenn keine Guthaben aus

Vorperioden vorhanden sind. Zum großen Steuertermin übersteigen dagegen in der Regel die Einnahmen die Ausgaben. Die Kredite können dann wieder zurückgeführt werden.

Im Schema III wird davon ausgegangen, daß Ausgaben der Öffentlichen Hand, die in Periode I mit Kredit finanziert werden, in Periode II zu erhöhten Einnahmen führen oder aus sonstigen zusätzlichen Einnahmen gedeckt werden. Am Ende der Periode II wird eine Wiederholung dieses Vorganges unterstellt. Die Schwankungsbreite der Liquiditätszu- und -abflüsse im Bankensystem steigt dadurch um k und verharrt auf dieser Höhe. Eine derartige Situation ist dann gegeben, wenn der Bund bzw. die Länder Kassenkredite aufnehmen, um selber kurzfristige Kredite, z. B. an Bahn und Post bzw. an Gemeinden oder eigene Betriebe, zu gewähren[20]. Voraussetzung ist aber, daß diese Beträge in der folgenden Periode jeweils durch den letzten Kreditnehmer zurückgezahlt werden oder die Kassenkredite z. B. aus dem Erlös von Anleiheverkäufen des Bundes oder der Länder getilgt werden.

Schließlich ist noch darauf hinzuweisen, daß sich nicht alle Veränderungen der Einlagen auf den Konten der Öffentlichen Hand auf die Liquiditätssalden im Bankensystem auswirken. Das ist immer dann der Fall, wenn Transaktionen lediglich zu einem Passivtausch in der Bilanz der Zentralbank führen. Verändert sich z. B. der Bargeldumlauf durch Barzahlungen an Beamte und Angestellte oder werden Überweisungen an das Ausland vorgenommen, so bleiben die Liquiditätssalden der Kreditinstitute davon unberührt: Die Transaktionen sind liquiditätsneutral. Das gleiche gilt für den umgekehrten Vorgang, wenn Barzahlungen an den Fiskus vorgenommen werden oder Überweisungen aus dem Ausland zugunsten der Konten der Öffentlichen Hand eingehen. Hier wird die Veränderung eines Marktfaktors durch eine entgegengesetzte Bewegung eines anderen Marktfaktors in Bezug auf die Bankenliquidität neutralisiert[21]. Die Bundesbank ist zwar Kontenführerin der Öffentlichen Hand. Sie hat aber grundsätzlich keinen Einfluß auf die Auszah-

---

[20] *Schmölders*, G.: Öffentliche Kassenführung. In: Enzyklopädisches Lexikon für das Geld-, Bank- und Börsenwesen. Frankfurt/M. 1957. S. 1235.

[21] Häufig wird der Begriff „liquiditätsneutral" auf Vorgänge angewandt, die die binnenwirtschaftliche Nachfrage nicht berühren, wie z. B. die Transaktionen mit dem Ausland, soweit sie aus Guthaben oder Krediten der Notenbank finanziert werden. Dagegen werden Veränderungen der Einlagen auf öffentlichen Konten, die sich im Bargeldumlauf niederschlagen, nicht dazugerechnet. Vgl. hierzu *Emminger*, O.: Kapitalexport als Mittel zum Ausgleich der Zahlungsbilanz. In: ZKW. 12. Jahrg. (1959). S. 814 ff.; Geschäftsbericht der Deutschen Bundesbank für das Jahr 1959. S. 29; Monatsberichte der Deutschen Bundesbank. April 1965. S. 35 f. Im Rahmen dieser Arbeit sind sie zweckmäßig jedoch dazuzuzählen, weil hier die Liquiditätswirkungen ausschließlich an der Bankenliquidität gemessen werden und Barzahlungen des Staates an Nichtbanken keinen Einfluß auf die liquiden Mittel der Kreditinstitute haben.

lungen dieser Körperschaften, so daß die Einlagenentwicklung durch die Marktkräfte bestimmt wird. Die Diskontinuität der Liquiditätsversorgung der Banken wird dadurch meistens verstärkt.

### *d) Die Guthaben der sonstigen Nichtbanken bei der Bundesbank*

Die Einlagen sonstiger Nichtbanken auf den Konten der Bundesbank sind hinsichtlich ihrer Liquiditätswirkungen genauso zu beurteilen, wie die der öffentlichen Stellen. Allerdings besteht ein wesentlicher Unterschied darin, daß der Umfang und die Bewegungen auf den Konten der sonstigen Nichtbanken viel geringer sind, was an dem fehlenden Direktkreditgeschäft der Bundesbank und an der Unverzinslichkeit der Einlagen liegt. Die Konten dienen ausschließlich dem Zahlungsverkehr, so daß die Bestände als „Working Balances" nur auf einer für notwendig angesehenen Höhe gehalten werden.

### *e) Die schwebenden Verrechnungen im Zahlungsverkehr der Bundesbank*

Liquiditätssaldenveränderungen entstehen auch durch den über die Bundesbank laufenden bargeldlosen Zahlungsverkehr, soweit davon Zentralbankguthaben der Kreditinstitute berührt werden. Die Bundesbank führt Überweisungen aus, indem sie zunächst das jeweilige Konto des Auftraggebers belastet. Im Platzverkehr kann die Gutschrift am gleichen Tage vorgenommen werden, so daß sich Einlagenverminderung und -erhöhung ausgleichen. Bei Fernüberweisungen ist die Gutschrift durch den Postlauf bestimmt, soweit die Übertragungen nicht telegrafisch ausgeführt werden. Während dieser Zeit bleibt die Einlagenverminderung ohne ausgleichende Erhöhung. Es entsteht ein sogenannter Float, d. h. eine Stromgröße, um die die Bankenliquidität abgenommen hat[22]. Am Tage der Gutschrift wird dieser Liquiditätsverlust wieder ausgeglichen. Es ist jedoch zu bedenken, daß ständig Überweisungsaufträge eingereicht werden und damit der Float ständig vorhanden ist. So

---

[22] Veit weist darauf hin, „daß die Erledigung von Zahlungen und Überweisungen im eigenen Kontennetz im Prinzip eine Einsparung von Zentralbankgeld darstellt" (*Veit*, O.: Grundriß der Währungspolitik . . ., S. 298), während die Benutzung fremder Netze einen Verlust verursacht. Er verwendet den Begriff Float in Anlehnung an amerikanische Gepflogenheiten jedoch nur im Zusammenhang mit dem Scheckeinzug, der in den Vereinigten Staaten — im Gegensatz zum Überweisungsverkehr — sehr stark ausgebaut wurde. Vgl. hierzu die Erläuterungen in: Federal Reserve Bulletin. February 1961. S. 165 und S. 170 f. sowie *Kent*, R. P.: Money and Banking. 5. ed. New York/Chicago/San Francisco/Toronto/London 1966. S. 282: „Additional primary reserves for the commercial banks are created when the Federal Reserve banks grant credit to banks in the clearing of checks before they themselves have collected payment — the net credit outstanding at any time being known as ‚the float'. . ."

entsteht praktisch ein dauernder Liquiditätsentzug, der im Trend langsam ansteigen muß, weil das Volumen des Überweisungsverkehrs zunimmt.

Die schwebenden Verrechnungen aus dem „Vereinfachten Scheck- und Lastschrifteinzug" tragen ein umgekehrtes Vorzeichen. Der Gegenwert bei der Landeszentralbank eingereichter Schecks und Lastschriften wird einen Tag später dem Einreicher gutgeschrieben. Die Belastung der bezogenen Bank bzw. der Zahlstelle richtet sich nach den Konditionen und dem Postlauf. Laut allgemeiner Geschäftsbedingungen werden die Papiere den Banken am Bankplatz sofort nach Eintreffen belastet, während Banken an Nebenplätzen den Gegenwert erst einen Tag später anschaffen müssen[23]. Für diese Schecks, sowie für solche mit verzögertem Postlauf, fallen Gutschrift und Lastschrift zeitlich auseinander. Hier erhalten die Kreditinstitute einen Kredit von der Notenbank, der naturgemäß ihre Liquidität erhöht, so daß ein positiver Float entsteht.

Die schwebenden Verrechnungen aus dem Überweisungsverkehr und dem Einzugsverfahren kompensieren sich zum Teil, zumal die Konditionen mit Einführung des Lastschriftverfahrens durch die Verkürzung der Belastungsfrist von zwei auf einen Tag bei Nebenplatzbanken die „Kreditgewährung" aus dem Vereinfachten Scheckeinzug verminderten. Obwohl die Bundesbank die Konditionen ändern kann, handelt es sich hier um einen Marktfaktor, da keine kreditpolitischen Gründe für die Ausgestaltung des Zahlungsverkehrs maßgebend waren und die Bank keinen Einfluß auf den Umfang der Inanspruchnahme ihrer Einrichtungen hat.

#### *f) Die sonstigen Vorgänge*

Schließlich ist noch auf den Restposten aller nicht einzeln ausgewiesenen marktmäßigen Bestimmungsfaktoren hinzuweisen, die in den Statistiken der Bundesbank zur Analyse der Bankenliquidität unter den sonstigen Vorgängen zusammengefaßt werden[24]. Hierzu gehören alle Zinserträge und -verluste, die in die Gewinn- und Verlustrechnung der Notenbank eingehen sowie Käufe und Verkäufe von Gebäuden, Geschäftsausstattung etc.

### 2. Die kreditpolitisch bestimmten Liquiditätsquellen

Im Gegensatz zu den marktmäßigen Bestimmungsgründen der Bankenliquidität und ihren zufallsbedingten Wirkungen kann eine Ver-

---

[23] Vgl. Allgemeine Geschäftsbedingungen der Deutschen Bundesbank. Abschnitt III. Vereinfachter Scheck- und Lastschrifteinzug für die Kreditinstitute. In der Fassung vom 1. 7. 1966.

[24] Vgl. Monatsberichte der Deutschen Bundesbank, Statistischer Teil I. 2. „Zur Entwicklung der Bankenliquidität".

änderung der liquiden Mittel über die kreditpolitischen Bestimmungsgründe bewußt herbeigeführt werden, um den diskontinuierlichen Verlauf der Liquiditätsversorgung in einen kontinuierlicheren Prozeß umzuwandeln.

### *a) Die Refinanzierungskontingente*

Eine Notenbank kann ihre Refinanzierungshilfe an Kreditinstitute u. a. durch Kontingente begrenzen. Diese Kontingente stellen Bankenliquidität dar. Voraussetzung ist allerdings, daß solche Fazilitäten jederzeit ausgeschöpft werden können. Dabei spielt es grundsätzlich keine Rolle, in welcher Form das Kontingent festgesetzt wird und wie es beansprucht werden kann. Sei es, daß die Kontingente über eine längere Periode starr sind, sei es, daß sie ad hoc bestimmt werden.

Es mag zunächst nicht ganz verständlich sein, warum Refinanzierungskontingente selber als Liquidität angesehen werden und nicht die eigentliche Refinanzierung. Diese Frage soll am Wechselrediskont erläutert werden. Die Überlegungen gelten jedoch auch für den Lombardkredit.

Die Gewährung von Wechselkrediten durch die Geschäftsbanken bedeutet Mittelbereitstellung der Kreditinstitute an Nichtbanken. In dem Augenblick aber, in dem Wechsel in Zentralbankgeld umgetauscht werden können, übernimmt die Zentralbank diesen Kredit der Geschäftsbank, d. h. sie gewährt Nichtbanken Kredit[25]. Geschäfte der Nichtbanken mit der Notenbank führen aber zu Liquiditätssaldenveränderungen: Sie erhöhen oder vermindern die Liquidität der Kreditinstitute. Es ist lediglich eine Frage, wann dies wirksam wird. Gehen wir von einer Bank aus, welcher von der Notenbank zwar ein bestimmtes Kontingent eingeräumt wurde, die bisher jedoch keine Wechsel im Portefeuille hatte. Sobald nun Wechselkredite gewährt werden — und die Papiere bestimmten qualitativen Anforderungen genügen —, stellt das Bankensystem dem Nichtbankensektor Mittel zur Verfügung. Gleichzeitig tritt aber die Notenbank durch ihre Rediskontbereitschaft hinter diesen Kredit, so daß das Kreditinstitut keinen Liquiditätsverlust erleidet. Dabei ist es unwesentlich, ob von der Rediskontmöglichkeit Gebrauch gemacht wird oder nicht. Es besteht nur ein gradueller Unterschied zwischen einem Wechsel im Portefeuille der Bank, der quasi einen Anspruch auf Zentralbankgeld verbrieft (im Rahmen des Kontingents), oder der tatsächlichen Rediskontierung des Papiers. Daher nehmen die liquiden Mittel in dem Augenblick zu, in dem die rediskontierbaren und rediskontfähigen Wechsel in den Bestand der Geschäftsbank gelangen und den Kunden abgerechnet werden. Meistens ist aber der Wechselbestand

---

[25] Vgl. *Gleske*, L.: Die Liquidität in der Kreditwirtschaft. Frankfurt/M. o. J. S. 84.

größer als das Kontingent, so daß eine Erhöhung der Wechselkredite keine Zunahme der Liquiditätssalden bewirkt. Das ist — unter solchen Bedingungen — allein über eine Anhebung des Refinanzierungskontingents durch die Notenbank möglich, weil ein Teil der bisher außerhalb des Kontingents stehenden Wechselkredite nun zusätzlich an die Notenbank abgetreten werden kann. Damit wird auch deutlich, warum zu den Krediten im Sinne der verwendeten Liquiditätsdefinition — Saldo von Einlagen und Krediten gegenüber Nichtbanken — nur solche Buch- und Wechselkredite sowie Wertpapiere zählen, die außerhalb eines Refinanzierungskontingents stehen.

Trotz grundsätzlicher Gleichheit zwischen Wechselrediskont und allen anderen Refinanzierungsformen, ist ergänzend auf eine Besonderheit des Wechselkredits hinzuweisen. Die technische Abwicklung des Wechselrediskonts kann bei einem einzelnen Institut zu Veränderungen des Liquiditätssaldos führen, die sich allerdings insgesamt im Bankensystem ausgleichen. Es treten lediglich Ungleichgewichte zwischen den Kreditinstituten auf. Bei der Diskontierung fließt Zentralbankgeld von der Notenbank zur Geschäftsbank, ohne daß durch diesen Vorgang die liquiden Mittel verändert werden. Am Fälligkeitstag des Wechsels bezahlt aber nicht die kreditnehmende Bank, sondern die Bankverbindung des Bezogenen. Beide Institute können identisch sein — sie sind es häufig aber nicht. Trifft der letzte Fall zu, so braucht die einreichende Bank die Einlösung des Wechsels nicht zu besorgen und verliert damit auch kein Zentralbankgeld, obwohl sich mit der Einlösung des Wechsels durch die Bankverbindung des Bezogenen der Refinanzierungsspielraum wieder erhöht. Die Liquidität dieses Instituts ist gestiegen, während die Zahlstelle Liquidität verloren hat.

In Deutschland werden die Refinanzierungskontingente auf zwei verschiedenen Wegen eingeräumt: Die Rediskontkontingente als für längere Dauer gültige Refinanzierungsrahmen, die lediglich mit den haftenden Mitteln wachsen, sowie ad hoc-Kontingente beim Lombardkredit. Es ist auch ein einheitliches Liquiditätskontingent denkbar, innerhalb dessen die Banken berechtigt sind, „Kassenkredite bei der Zentralbank in Anspruch zu nehmen“[26]. Diese Formen bilden zusammen den Refinanzierungsrahmen, der dazu dient, Veränderungen der Liquiditätssalden nach den Vorstellungen der kreditpolitischen Instanzen hervorzurufen, zu verstärken oder auszugleichen. Die liquiden Mittel können in jeder Richtung genau gesteuert werden, da eine Erhöhung oder Senkung der Kontingente einer ebenso großen Veränderung der Bankenliquidität entspricht. Nur bei ad hoc-Kontingenten, wenn die Veränderung der Kreditlinie durch eine beabsichtigte Refinanzierung ausgelöst

---

[26] *Köhler,* Cl.: Orientierungshilfen für die Kreditpolitik ..., S. 30 f.

wird und uno actu mit der Beanspruchung entsteht, ist die Liquiditätssaldenveränderung gleich der zusätzlichen Kreditaufnahme. Die Notenbank überläßt es hier den Kreditinstituten — allerdings innerhalb des von ihr gezogenen Rahmens — die eigene Liquidität zu verändern.

Bilanzmäßig wirkt sich die Variation eines Refinanzierungsrahmens wie die Umwandlung von bereits gewährten Krediten in Quasi-Zentralbankgeld aus, bei der die Bilanzsumme konstant bleibt.

### *b) Die Offenmarktpolitik mit Nichtbanken*

Der Verkauf von Offenmarktpapieren durch die Zentralbank an Nichtbanken führt zu einer Verminderung der Geldmenge oder Erhöhung der Kredite im Nichtbankensektor und gleichzeitig zu einem Verlust von Zentralbankgeld des Bankensystems: Die Nichtbanken erwerben die Papiere zulasten ihrer Sichteinlagen bei Kreditinstituten. Die Banken müssen dann ihrerseits den Gegenwert in Zentralbankgeld erbringen[27]. Aufgrund dieser Transaktionen nehmen die Liquiditätssalden ab. Bei Fälligkeit oder vorzeitiger Rückgabe kehrt sich der obige Prozeß um.

Der wesentliche Unterschied zwischen den Offenmarktgeschäften der Notenbank mit Banken und Nichtbanken resultiert aus den ungleichen Wirkungen auf die Bankenliquidität[28]. Kaufen oder verkaufen Kreditinstitute Offenmarktpapiere, so ändert sich der Saldo von Einlagen und Krediten nicht. Es findet lediglich ein Tausch statt: An die Stelle von Zentralbankguthaben treten diese Papiere, bzw. an die Stelle der Papiere tritt Zentralbankgeld. Das entspricht nur einer Verschiebung der Geldnähe innerhalb der liquiden Mittel[29]. Außerdem liegt es an den Banken, ob sie sich überhaupt an den Offenmarktoperationen der Notenbank beteiligen. Dagegen haben die Kreditinstitute kaum einen Einfluß auf die Kauf- und Verkaufsentscheidungen der Nichtbanken, weil im Regelfall für die Transaktionen kein Kredit aufgenommen wird. Die Banken müssen die Dispositionen der Nichtbanken hinnehmen und sich ihnen anpassen[30].

---

[27] Vgl. *Chandler,* L. V.: The Economics of Money and Banking. 4. ed. New York/London/Tokyo 1964. S. 207 f. und *Day,* A. C. L.: Outline of Monetary Economics . . ., S. 138 ff.

[28] Vgl. *Kent,* R. P.: Money and Banking . . ., S. 281 f.

[29] *Chandler,* L. V.: The Economics of Money and Banking . . ., S. 206: „The total assets of commercial banks are not directly changed; the banks have simply exchanged . . . earning assets for an equal amount of legal reserves." Ähnlich *Graebner,* W.: Direkte Kontrollen als Mittel der Geldpolitik. Köln/Opladen 1966. S. 34. *Brehmer,* E.: Struktur und Funktionsweise des Geldmarktes der Deutschen Bundesrepublik seit 1948. 2. erweiterte Auflage. Tübingen 1964. S. 174.

[30] Vgl. *Köhler,* Cl.: Der Geldkreislauf . . ., S. 91 f.

Die Offenmarktpolitik ist in beiden Richtungen grundsätzlich nur einsetzbar, wenn die Nichtbanken wenigstens über kurzfristig freie Geldmittel verfügen oder Geldbedarf haben und entsprechend Papiere kaufen oder verkaufen wollen. Ausschlaggebend ist aber nicht die Liquiditätslage des konsolidierten Nichtbankensektors, sondern das Vorhandensein von Überschüssen und Defiziten bei einzelnen Nichtbanken. Denn für den Käufer oder Verkäufer ist allein sein individueller Status entscheidend, zumal ein Zahlungsmittelausgleich unter den Nichtbanken ohne Einschaltung von Kreditinstituten nur im geringen Umfang stattfindet. Es ist also durchaus denkbar, daß Nichtbanken Papiere erwerben, obwohl die Nettoposition des Nichtbankensektors insgesamt abgenommen hat. Umgekehrt kann es trotz Erhöhung der Geldmenge zu Verkäufen kommen. Dies beruht auf der ungleichmäßigen Verteilung der Geldmenge im Nichtbankensektor. Je stärker die Ungleichgewichte sind, desto günstiger sind grundsätzlich die Voraussetzungen zum Kauf und Verkauf von Offenmarktpapieren.

Die kreditpolitische Bedeutung der Offenmarktpolitik mit Nichtbanken liegt in ihrer Steuerbarkeit. Allerdings ist die Bewegungsfreiheit der Notenbank begrenzt, weil sie auf die Nichtbanken als Marktpartner angewiesen ist. Konnten im Zusammenhang mit dem Refinanzierungskontingent Liquiditätssaldenveränderungen autonom festgelegt werden, so gilt dies nicht in gleichem Maße für die Offenmarktpolitik mit Nichtbanken: Dieser Käufer- bzw. Verkäuferkreis kann nur durch entsprechende Konditionen mobilisiert werden, weil alle sich bietenden Anlagemöglichkeiten in Konkurrenz zueinander stehen und nur die relativ günstigste zum Zuge kommt[31].

Schließlich ist noch auf ein weiteres Problem der Offenmarktpolitik mit Nichtbanken hinzuweisen: Um eine kontinuierliche Liquiditätsversorgung durchsetzen zu können, muß dieses Instrument in beiden Richtungen einsetzbar sein, d. h. es muß in der Lage sein, eine Erhöhung oder Verminderung der Liquiditätssalden hervorzurufen. Hierzu ist Voraussetzung, daß einerseits die Notenbank über ein genügend großes Volumen an Offenmarkttiteln verfügt und sich andererseits ausreichende Bestände ankaufbarer Papiere und evtl. sonstiger Aktiva in den Händen der Nichtbanken befinden[32], um eine Veränderung der liquiden Mittel auch auf längere Dauer durchhalten zu können.

### *c) Die Einlagen/Schuldenpolitik*

Die finanziellen Transaktionen der gesamten Öffentlichen Hand lassen sich hinsichtlich ihrer Wirkungen auf die Bankenliquidität in liqui-

[31] *Köhler,* Cl.: Der Geldkreislauf ..., S. 92.

[32] *Dorrance,* G. S.: The Instruments of Monetary Policy in Countries Without Highly Developed Capital Markets ..., S. 274.

ditätswirksame und -unwirksame Zahlungsvorgänge unterteilen. Liquiditätswirksam sind solche Geschäfte, die die Guthaben der Öffentlichen Hand bei der Notenbank berühren, d. h. sie anheben oder senken — mit Ausnahme aller Veränderungen, die unmittelbar auf außenwirtschaftliche Transaktionen zurückzuführen sind oder im Zusammenhang mit dem Bargeldumlauf stehen. Liquiditätsunwirksam sind alle Geldströme, die über die Konten bei den Kreditinstituten fließen, weil hier nur Verschiebungen zwischen den Einlegergruppen auftreten, die den Saldo von Einlagen und Krediten nicht berühren. Hierbei handelt es sich um eine Vielzahl von öffentlichen Haushalten, insbesondere Gemeinden, für die keine Einlegepflicht bei der Notenbank besteht. Sie wickeln deshalb ihre Kassengeschäfte vorwiegend über die Geschäftsbanken ab, und zwar bevorzugt über die Institute des öffentlich-rechtlichen Sektors[33].

Für eine Einlagen/Schuldenpolitik als Mittel zur Erreichung kreditpolitischer Ziele spielen nur solche Zahlungen eine Rolle, die die Bankenliquidität verändern und steuerbar sind[34]. Diese Voraussetzungen werden von den meisten Transaktionen der Öffentlichen Hand erfüllt, nur wurden die gegebenen Möglichkeiten nicht ausgeschöpft. Das mag daran gelegen haben, daß dem Fiskus die Wirkungen seiner über die Bundesbankkonten durchgeführten Zahlungen auf die liquiden Mittel der Banken unbekannt waren[35]. In der Vergangenheit wurde nur von Zeit zu Zeit echte Einlagen/Schuldenpolitik betrieben. So wurde beispielsweise der Erlös aus der Entwicklungshilfe-Anleihe 1961 zunächst bewußt auf den Konten der Bundesbank stillgelegt und dann zugunsten der Kreditanstalt für Wiederaufbau liquiditätsneutral in US-Schatzwechseln aus dem Bestand der Bundesbank angelegt[36]. Umgekehrt wurde im Herbst 1967 der Gegenwert einer Bundesanleihe im Bankensystem eingelegt, so daß bis zur Verausgabung der Mittel durch den Bund keine Liquiditätsverluste eintraten[37].

Als echte Liquiditätspolitik ist auch die Finanzierung der beiden Eventualhaushalte über Kassenobligationen anzusehen: Die Papiere wurden, um die Bankenliquidität in dieser Situation zu schonen, mit einer Refinanzierungszusage für Restlaufzeiten von 1½ Jahren ausgestattet[38]. Aber auch die vorzeitige Tilgung von Krediten aus der Nach-

[33] *Escher,* V.: Der Einfluß der Steuertermine auf die Liquidität der Geschäftsbanken . . ., S. 119 f.

[34] Vgl. *Metze,* I.: Die Wirkungen staatlicher Tätigkeit auf die Liquidität. In: Weltwirtschaftliches Archiv. Band 93 (1964). S. 142 ff.

[35] *Köhler,* Cl.: Erfahrungen mit der Geldstromanalyse. In: Beiträge zur Wirtschafts- und Gesellschaftsgestaltung. Festschrift für Bruno Gleitze zum 65. Geburtstag am 4. August 1968. Berlin 1968. S. 149.

[36] Geschäftsbericht der Deutschen Bundesbank für das Jahr 1961. S. 33.

[37] Monatsberichte der Deutschen Bundesbank. Oktober 1967. S. 13.

[38] Geschäftsbericht der Deutschen Bundesbank für das Jahr 1966. S. 17 f. und Monatsberichte der Deutschen Bundesbank. August 1967. S. 3.

kriegswirtschaftshilfe durch die Bundesbank ist indirekt als Teil einer Einlagen/Schuldenpolitik aufzufassen, da der Bund zu beschleunigter Rückzahlung (Verkürzung der Tilgungsfrist auf 8 Jahre) verpflichtet wurde, was bei der damals herrschenden Hochkonjunktur sehr erwünscht war[39].

Im Interesse einer kontinuierlichen Liquiditätsversorgung der Banken wäre es erforderlich, die Einlagen/Schuldenpolitik zulasten des marktmäßigen Bestimmungsfaktors zu stärken und den Anteil der liquiditätswirksamen Transaktionen zu steigern, um das kreditpolitische Gewicht dieser steuerbaren Liquiditätsquelle zu erhöhen.

## III. Der Beitrag der Marktfaktoren zur Liquiditätsversorgung der Banken und die Möglichkeiten ihrer Beeinflussung

### 1. Der Bargeldumlauf

Die Bewegungen des Bargeldumlaufes werden weitgehend durch das Einkommen und die Zahlungsgewohnheiten des Nichtbankensektors bestimmt. Weder Notenbank noch Kreditinstitute haben grundsätzlich die Möglichkeit, hierauf Einfluß zu nehmen. Wie aus der Entwicklung des Bargeldvolumens von 1963 bis Ende 1967 zu entnehmen ist, schwankt der von diesem Marktfaktor ausgehende Liquiditätsentzug im Jahr zwischen 1,0 und 1,9 Milliarden DM[1].

---

[39] „Vorzeitige Zahlungen auf die deutschen Verbindlichkeiten aus der Nachkriegswirtschaftshilfe.“ In: Monatsberichte der Deutschen Bundesbank. April 1961. S. 51 f.

[1] Der steigende Bargeldbedarf schlägt sich auch in den Notenstückelungen nieder, bei denen ein Trend zum größeren Wert sichtbar wird:

*Banknoten in % des Gesamtumlaufs*

| | | 31. 12. 63 | 31. 12. 67 |
|---|---|---|---|
| davon | 1 000,— DM | — | 4,2 |
| | 500,— DM | — | 3,7 |
| | 100,— DM | 46,3 | 48,5 |
| | 50,— DM | 32,0 | 23,8 |
| | 20,— DM | 9,5 | 7,9 |
| | 10,— DM | 5,0 | 4,5 |
| | 5,— DM | 0,8 | 0,7 |
| Münzen | | 6,4 | 6,7 |

Wären zwischen den beiden Stichdaten nicht Scheine zu 1 000,— DM und 500,— DM in Verkehr gebracht worden, so würde der Anteil der 100,— DM Noten noch stärker gestiegen sein. Vgl. Monatsberichte der Deutschen Bundesbank. Statistischer Teil II. A. 1. c. sowie den Sonderaufsatz: „Ausgabe, Umlauf und Vernichtung von Banknoten“. Monatsberichte der Deutschen Bundesbank. Februar 1963. S. 24 f.

**Tabelle I: Bargeldumlauf**

(Veränderungen in Mill. DM)

| Monate / Jahre | Jan. | Febr. | März | April | Mai | Juni | Juli | Aug. | Sept. | Okt. | Nov. | Dez. | Jahres-Summen |
|---|---|---|---|---|---|---|---|---|---|---|---|---|---|
| 1963 | + 1 788 | – 226 | – 531 | – 175 | – 63 | – 622 | – 256 | + 12 | – 223 | + 325 | – 376 | – 1 260 | – 1 607 |
| 1964 | + 1 969 | – 233 | – 671 | + 113 | – 815 | + 27 | – 607 | – 258 | + 276 | – 101 | – 278 | – 1 206 | – 1 784 |
| 1965 | + 1 338 | – 195 | – 623 | – 433 | – 625 | – 115 | – 614 | + 285 | + 336 | – 276 | + 65 | – 1 065 | – 1 922 |
| 1966 | + 1 276 | + 268 | – 570 | – 647 | – 243 | + 20 | – 1 063 | + 408 | + 161 | + 15 | + 383 | – 1 285 | – 1 277 |
| 1967 | + 1 823 | + 293 | – 739 | – 147 | – 280 | + 101 | – 828 | + 530 | – 84 | + 175 | + 107 | – 1 980 | – 1 029 |

Quelle: Monatsberichte der Deutschen Bundesbank.

Aus der Tabelle I ist der typische Jahresverlauf der Bargeldbewegungen zu erkennen, mit den stärksten Ausschlägen jeweils zwischen Dezember und Januar, wenn ein hoher Liquiditätsverlust (steigender Umlauf) von einem hohen Liquiditätszustrom (sinkender Umlauf) abgelöst wird, sowie im Hauptreisemonat Juli. Am Jahresende entsteht jeweils eine Differenz von absolut 3 Mrd. DM und mehr. Bei bankwöchentlicher Betrachtung ergeben sich zum Teil noch krassere Unterschiede. So stieg der Bargeldumlauf vom 23. November auf den 30. November 1966 um 4,8 Mrd. DM. Damit wird deutlich, welchen liquiditätsmäßigen Belastungen das Bankensystem durch den Marktfaktor Bargeldumlauf ausgesetzt wird, so daß die kontinuierliche Liquiditätsversorgung von dieser Seite sehr erschwert wird.

Vom Bargeldumlauf gehen also — wenn man von den periodischen und saisonalen Bewegungen absieht — ständig negative Liquiditätssaldenveränderungen aus, die durch den Bargeldbedarf des Nichtbankensektors bestimmt werden. Er ergibt sich aus den Umsätzen im Barzahlungsbereich und aus der Häufigkeit, mit der das Bargeld in einer Periode von Hand zu Hand geht. Als wichtigste Bestimmungsgröße für das Umsatzvolumen sind die Masseneinkommen anzusehen, die vorwiegend in der Konsumsphäre ausgegeben werden und sich in entsprechenden Einzelhandelsumsätzen niederschlagen. Die Entwicklung der Einkommen läßt sich relativ genau berechnen und für kürzere Zeiträume vorausschätzen. Dagegen bereitet die Feststellung der Umschlagshäufigkeit des Geldes erhebliche Schwierigkeiten. Die Häufigkeit läßt sich theoretisch für die gesamte Geldmenge sowie getrennt für das Bar- und Giralgeld errechnen. Beim Giralgeld entstehen zwar bei der Abgrenzung Probleme, aber der Umfang der giralen Verfügungen ist bekannt[1a]. Dagegen ist beim Bargeld gerade umgekehrt der umlaufende Betrag genau errechenbar, jedoch einschließlich der im Ausland befindlichen DM-Noten und -Münzen, aber nicht die Umsätze. Diese „lassen sich überhaupt nicht feststellen, denn der Übergang des Geldes von einer Hand in die andere wird nicht buchmäßig festgehalten“[2]. Um überhaupt Vergleichsmaßstäbe zu erhalten und Umschlagsveränderungen feststellen zu können, wird die Entwicklung der gesamten Geldmenge oder gewisser Teilmengen dem Volkseinkommen bzw. beim Bargeld dem Masseneinkommen gegenübergestellt, da man von der Überlegung ausgeht, daß die Ergebnisse auch dann einen Aussagewert haben, wenn die zugrunde gelegten Maßstäbe zwar mit Fehlern behaftet sind, aber im Zeitverlauf unverändert bleiben. Beim Bargeld lassen sich Beziehungen

[1a] Vgl. Monatsberichte der Deutschen Bundesbank. Statistischer Teil. III. A. 6.

[2] *Irmler,* H.: Umlaufsgeschwindigkeit des Geldes. In: Enzyklopädisches Lexikon für das Geld-, Bank- und Börsenwesen. Band II. Frankfurt/M. 1957. S. 1520.

zwischen seinem Volumen und den Masseneinkommen nachweisen. Beide Größen verlaufen annähernd parallel[3], allerdings steigen die Masseneinkommen etwas stärker als der Bargeldumlauf. Die Bundesbank führt dies auf die Bemühungen der Kreditinstitute zurück, den bargeldlosen Zahlungsverkehr zu fördern[4].

Für die Umschlagshäufigkeit des Bargeldes spielen besonders Einkommenshöhe und Entlohnungszeiträume eine wichtige Rolle: je länger die Periode, desto größer der Bargeldbedarf. Werden Löhne und Gehälter täglich gezahlt und die Beträge sofort wieder verausgabt, so genügt für diesen Bereich der Bargeldbetrag eines Tagesarbeitseinkommens. Die Umschlagshäufigkeit, bezogen auf ein Jahr, ist gleich der Zahl der Arbeitstage. Wird nur einmal im Jahr oder etwa nur alle zwei Jahre gezahlt, so ist der Tagesbetrag mit der Zahl der Arbeitstage zu multiplizieren, um den Gesamtbedarf zu erhalten. Die Umschlagshäufigkeit sinkt auf 1 bzw. $^1/_2$[5].

Weitere Bestimmungsfaktoren des Bargeldvolumens sind der arbeitsfreie Samstag der Banken sowie die Streuung der Bankstellen (je enger das Filialnetz, desto geringer die Bargeldhaltung). Ein weiterer Grund bildet das Vertrauen in das Bankensystem (Geldhorte). Keynes faßt die für die Kassenhaltung relevanten Faktoren in 4 Motiven zusammen. Sie wurden zwar für die Haltung von Geld allgemein aufgestellt, sind aber auch auf die Barbestände anwendbar. Keynes nennt das Einkommens- (income-), Geschäfts- (business-), Vorsichts- (precautionary-) und Spekulationsmotiv (speculative-motive)[6].

Die Kreditinstitute spüren die Liquiditätswirkungen von Bargeldvolumensänderungen sehr deutlich. Es ist daher verständlich, daß man

---

[3] Vgl. *Lüke*, A. E.: Wie liest man den Bundesbankausweis? In: ZKW 15. Jahrg. (1962). S. 1093. Kritisch äußert sich zu dieser These *Schmedes*, H.: Die Bewegung des Bargeldvolumens in der Konjunktur. In: ZKW. 8. Jahrg. (1955). S. 837 ff.

[4] „Die Entwicklung des Bargeldumlaufes deutet darauf hin, daß der bargeldlose Zahlungsverkehr auch im Berichtsjahr weiter an Boden gewonnen hat. Jedenfalls ist der durchschnittliche Bargeldumlauf (Durchschnitt aus allen Kalendertagen des Jahres) 1965 um knapp 9 % gestiegen, das verfügbare Einkommen der privaten Haushalte ... dagegen um 11 % ... Infolgedessen (hat) der Quotient aus Bargeldumlauf und dem verfügbaren Einkommen, der schon in den letzten Jahren ständig gesunken war, weiter auf rd. 10 % 1965 abgenommen". Geschäftsbericht der Deutschen Bundesbank für das Jahr 1965. S. 48.

[5] Vgl. *Gleske*, L.: Die Liquidität in der Kreditwirtschaft ..., S. 71. Als durch die Währungsreform 1948 die Bargeldausstattung besonders knapp bemessen wurde, ging man zu verkürzten Entlohnungsperioden über, um den Bargeldbedarf auf ein Minimum zu beschränken.

[6] *Keynes*, J. M.: The General Theory of Employment Interest and Money. London 1951. S. 195 f. Vgl. auch *Paulsen*, A.: Neue Wirtschaftslehre. 4. unveränderte Auflage. Berlin/Frankfurt/M. 1967. S. 189 ff.

sich von seiten der Banken bemüht, den Bargeldumlauf zu senken oder wenigstens die Steigerungen zu dämpfen. Dies kann weder über das Bargeld noch über die Umschlagshäufigkeit direkt erreicht werden, sondern nur indirekt über eine Substitution des Bargeldes durch Sichteinlagen im Rahmen des bargeldlosen Zahlungsverkehrs. Hierbei handelt es sich jedoch um einen sehr langfristigen Prozeß, da sich die Zahlungssitten nur allmählich ändern lassen. Immerhin wurden durch die bargeldlosen Lohn- und Gehaltszahlungen und die Einführung der Scheckkarte[7] Versuche in dieser Richtung unternommen. Einschränkend bemerkt Gleske dazu, daß dem Ersatz der baren Einkommenszahlung durch die Gehaltsgutschrift keine große Bedeutung beizumessen ist, „da sich die Barauszahlung lediglich von den Unternehmern auf die kontoführenden Banken verlagert, wenn die Gehaltsempfänger über ihre Guthaben in bar disponieren". Die Bargeldersparnis „tritt nur dann ein, wenn die Gehaltsempfänger ihre Einkommensdepositen nicht auf einmal, sondern je nach Bedarf im Laufe einer Einkommensperiode abheben. Die aus der ersten Abhebungsrate stammenden Geldbeträge fließen wenigstens zum Teil so rechtzeitig über den Handel zu den Banken zurück, daß sie hier für die folgende Abhebungsrate wieder zur Verfügung stehen"[8]. Die bisherigen Bemühungen der Banken reichen jedoch nicht aus, die besonders von den wachsenden Masseneinkommen ausgehenden Erhöhungen des Bargeldbedarfs auszugleichen. Wahrscheinlich wird es in absehbarer Zeit nicht gelingen, den Bargeldumlauf konstant zu halten oder sogar abzubauen. Der Extremfall einer bargeldlosen Wirtschaft wird wohl nie zu erreichen sein. Aus der Sicht der Notenbank wäre eine solche Situation nur bedingt von Vorteil, weil zwar das Problem der Liquiditätsversorgung zum Teil gelöst wäre, andererseits aber die Unabhängigkeit der Kreditinstitute von der Zentralbank erheblich gefördert würde[9]. Außerdem werden die Bewegungen des Bargeldumlaufes u. U. als Built-in-Stabilizer wirksam, wenn in einer ansteigenden Konjunkturphase der Bargeldumlauf zunimmt und damit auf die Bankenliquidität kontraktiv wirkt.

Auf einen ganz anderen Aspekt einer bargeldlosen Wirtschaft weist Amsel hin, der in der Anonymität des Geldes das Zentralproblem der Kriminalität sieht, weil das Bargeld „bei der Mehrzahl der kriminellen Vorgänge als auslösender Faktor wirkt". Für ihn ist eine „Verrechnungswirtschaft" das sicherste und volkswirtschaftlich sparsamste Zah-

---

[7] *Kutscher,* G.: „Die Unterschrift, die Bargeld ersetzt." HB v. 5./6. 1. 1967. *Knothe,* R.: Kreditkarten — Pro und Contra. In: ZKW. 21. Jahrg. (1968). S. 187.

[8] *Gleske,* L.: Die Liquidität in der Kreditwirtschaft . . ., S. 70 f.

[9] Vgl. *Hahl,* W.: Verhältnis zwischen Geschäftsbankensystem und Zentralbanksystem in verschiedenen Ländern. Meisenheim am Glan 1962. S. 32 ff.

lungssystem[10]. Außerdem sieht er hier bessere Ansatzpunkte für eine wirksame Kreditpolitik, weil in einer Bargeldwirtschaft ein genauer Überblick über die vorhandene Kaufkraft fehlt, bedingt durch Horte, Geldbewegungen über die Grenzen und Falschgeld. Es muß aber doch bezweifelt werden, ob diesen Gesichtspunkten tatsächlich eine derartige Bedeutung zukommt, daß ihre Vorteile den Nachteil der größeren Unabhängigkeit der Kreditinstitute von der Notenbank ausgleichen. Sicherlich stellt die Bargeldhortung als Determinante des Volkseinkommens einen Unsicherheitsfaktor für die Kreditpolitik dar[11], doch gilt das auch für die Sichteinlagen. Schließlich ist zu bedenken, daß der Bargeldumlauf im Nichtbankensektor (Dezember 1967 : 31,4 Mrd. DM) etwas mehr als ein Drittel des „Geldvolumens“[12] ausmacht und folglich die Bargeldhorte nur einen Bruchteil der Geldmenge betragen. Die Bargeldbewegungen über die Grenzen dürften zwar mit dem Reiseverkehr steigen und fallen, im übrigen aber keine großen Dimensionen annehmen, da das Ausland den Sortenbestand wegen seiner Unverzinslichkeit nur auf einen unbedingt notwendigen Umfang beschränkt. Schließlich ist auch das Falschgeld in Deutschland dem Volumen nach unbedeutend. Seit der Währungsreform bis Ende 1966 wurden Falsifikate im Nennwert von 4,5 Mio. DM angehalten. Davon entfielen auf den Zeitraum 1948/1950 3,4 Mio. DM, so daß sich auf die restliche Periode von 16 Jah-

---

[10] *Amsel,* H. G.: Die Anonymität des Bargeldes. In: ZKW. 20. Jahrg. (1967). S. 319. Es besteht eine gedankliche Verbindung zwischen den Vorschlägen von Ricardo hinsichtlich einer Entgoldung des Zahlungsverkehrs und dem Anliegen von Amsel. Ricardo sah in dem Ersatz der umlaufenden Goldmünzen durch Papiergeld bei gleichzeitiger Verwendung dieses eingesparten Goldes zum Kauf von Produktionsfaktoren im Ausland eine wesentliche Ersparnis. „A currency is in its most perfect state when it consists wholly of paper money, but of paper money of an equal value with the gold which it professes to represent. The use of paper instead of gold substitutes the cheapest in place of the most expensive medium, and enables the country, without loss to any individual, to exchange all the gold which it before used for this purpose for raw materials, utensils, and food ...“ (*Ricardo,* D.: The Principles of Political Economy and Taxation. London/Toronto 1926. S. 244.). Der Schritt, nun auch noch den entgoldeten Barzahlungsverkehr abzuschaffen, erscheint logisch, zumal damit erhebliche Einsparungen verbunden sind, die nach Meinung von Amsel die Kosten eines voll ausgebildeten Verrechnungsverkehrs übersteigen würden. (*Amsel,* H. G.: Anonymität des Bargeldes ..., S. 320.)

[11] „Der Geldgebrauch ermöglicht ..., daß Einkommenserwerb und Einkommensverwendung zeitlich auseinander fallen können. Mit dem Geld erwirbt der einzelne ein Anrecht auf einen Teil des gegenwärtigen Sozialprodukts, an dessen Erzeugung er mitwirkt; er braucht diesen Anspruch aber nicht sogleich zu nutzen, sondern er kann seine Realisierung in zukünftige Einkommensperioden verschieben.“ *Andreas,* K.: Die theoretischen Grundlagen der Geldpolitik ..., S. 2.

[12] Definiert als Summe aus Bargeld, ohne Kassenbestände der Banken, und Sichteinlagen von Nichtbanken (56,4 Mrd. DM), ohne Guthaben der Öffentlichen Hand bei der Bundesbank.

ren unbedeutende Beträge verteilen[13]. Wahrscheinlich glaubt Amsel, den kreditpolitischen Instanzen mit einem allumfassenden Verrechnungsverkehr ein gutes Kontrollinstrument an die Hand zu geben. Auch Veit erblickt im bargeldlosen Zahlungsverkehr — ohne eine Verrechnungswirtschaft im Sinne von Amsel zu unterstellen — Ansatzpunkte für die Regelung des Geldumlaufes und die Sicherung des Geldwertes, wenn die Notenbank als zentrales Clearinginstitut der Banken eingeschaltet wird, und zwar steigt nach seiner Meinung die Effektivität mit zunehmendem Monopolisierungsgrad[14]. Diese Erwartungen dürften doch zu hoch sein, solange die Bankwirtschaft in ihrer heutigen Form erhalten bleibt und die Kreditinstitute nicht zu Filialen der Notenbank werden[15]. Außerdem läßt sich aus der Zentralisierung des bargeldlosen Zahlungsverkehrs „... keine kreditpolitische Eingriffsfähigkeit der Zentralbank ableiten, denn der Zentralbankgeldbedarf der Geschäftsbanken würde nur einmal, und zwar im Augenblick der Umstellung ... steigen“[16].

Von dem Marktfaktor Bargeldumlauf könnte nur über eine anhaltende Verminderung des Volumens ein Beitrag zur Liquiditätsversorgung der Banken geleistet werden. Es hat sich jedoch gezeigt, daß die Beschränkung oder gar Rückführung des Bargeldumlaufes in absehbarer Zeit nicht möglich ist. Daher wird der Bargeldumlauf auch in Zukunft dem Bankensystem in erheblichem Umfang liquide Mittel entziehen und durch seine kurz- und mittelfristigen Schwankungen die gleichmäßige Liquiditätsversorgung der Kreditinstitute erschweren.

## 2. Die Zahlungsbilanz

### *a) Die Vor- und Nachteile einer außenwirtschaftlichen Liquiditätsversorgung*

Die wirtschaftliche Verflechtung der Bundesrepublik mit dem Ausland hat zu umfangreichen Güter- und Geldströmen über die Grenzen hinweg geführt. Als idealer Zustand wird ein Ausgleich der herein- und hinausfließenden Ströme angestrebt, der sich jedoch bei einem weitgehend freien Wirtschaftsverkehr kaum erreichen läßt. Ein vollständiges Gleichgewicht wäre ein reines Zufallsergebnis. Daher wird es stets

---

[13] „Der Falschgeldanfall in der Bundesrepublik Deutschland seit der Währungsreform.“ In: Monatsberichte der Deutschen Bundesbank. Dezember 1967. S. 14.

[14] *Veit*, O.: Grundriß der Währungspolitik ..., S. 295 f.

[15] Vgl. *Hahl*, W.: Verhältnis zwischen Geschäftsbankensystem und Zentralbanksystem ..., S. 17 ff.

[16] *Gleske*, L.: Die Liquidität in der Kreditwirtschaft ..., S. 97.

zu mehr oder minder großen Ausschlägen nach beiden Seiten kommen, so daß eine Zahlungsbilanzpolitik nur einen längerfristigen Ausgleich anstreben wird. Tatsächlich ist aber die deutsche Zahlungsbilanz seit 1951 überwiegend aktiv gewesen, was zu einer Gesamtwährungsposition (Bundesbank und Kreditinstitute) von netto 32,5 Mrd. DM (Okt. 1967) und einer entsprechenden Anreicherung der Bankenliquidität geführt hat. Die zentralen Währungsreserven in Höhe von 30,1 Mrd. DM entsprechen ungefähr dem Bargeldumlauf in Höhe von 32 Mrd. DM.

Die hohen Überschüsse der Zahlungsbilanz in der Bundesrepublik haben die Liquiditätsverluste aus dem steigenden Bargeldbedarf weitgehend kompensiert. Es liegt die Frage nahe, ob nicht diese Verminderung der liquiden Mittel durch den Bargeldumlauf stets durch Zahlungsbilanzüberschüsse kompensiert werden kann. Es gibt aber mehrere Gründe, die gegen eine solche Lösung sprechen. In allen Ländern wird von der Wirtschafts- und Kreditpolitik als erklärtes Ziel auf die Dauer eine ausgeglichene Zahlungsbilanz angestrebt. Dies folgt zwangsläufig aus der Bilanzmechanik, weil grundsätzlich dem Aktivsaldo eines Landes ein Passivsaldo bei allen übrigen Ländern gegenübersteht[17]. Wollte also ein Land ständig Zahlungsbilanzüberschüsse erzielen, so müßte es im Ausland gleichzeitig Länder geben, die bereit wären, sich zu verschulden. Für keine der beiden Seiten wäre es unbedingt vorteilhaft (unterstellt werden Länder mit etwa gleicher Größe und gleichem Entwicklungsstand), wenn langfristig Salden mit gleichen Vorzeichen im Außenwirtschaftsverkehr entstehen — selbst bei einem starken Liquiditätsbedarf des bilanzmäßig aktiven Landes (Land A) und z. B. einem großen Importbedarf des passiven Landes (Land B).

Für Land A stellt sich die Liquiditätsversorgung über Devisenzuflüsse — soweit diese auf Güterexporten beruhen — teuer: Güter gehen an das Ausland und vermindern dadurch das mögliche Wachstum des Produktionspotentials, nur um eine notwendige Geldschöpfung der Notenbank zu legitimieren. „Es müssen hierfür also Produktionsfaktoren statt für das Inland für das Ausland arbeiten. Diese Art der Geldmengenerhöhung ist folglich genauso teuer wie früher die Goldproduktion zu monetären Zwecken ...[18].“ „Deshalb ist nicht einzusehen, warum die Steige-

[17] Dieser Satz gilt nur mit gewissen Einschränkungen, worauf Høst-Madsen hingewiesen hat. *Høst-Madsen,* P.: Asymmetries Between Balance of Payments Surpluses and Deficits. In: International Monetary Fund. Staff Papers. Vol. IX (1962). S. 182 ff.

[18] *Noll,* W.: Die Geldversorgung in einer wachsenden Wirtschaft ..., S. 364; ähnlich *Ehrlicher,* W.: Die außenwirtschaftliche Komponente der Geldversorgung. Jahrbuch für Sozialwissenschaft. Band 14 (1963). — Festschrift für Andreas Predöhl. S. 603.

Hier tauchen erneut die gleichen Überlegungen auf, die Ricardo bei seinen Vorschlägen zur Entgoldung des Zahlungsverkehrs und den Einsatz des Goldes zum Erwerb von Produktionsfaktoren anstellte. (Vgl. *Ricardo,* D.: The

rung des Geldvolumens gesamtwirtschaftlich durch einen Verzicht auf Güter erkauft werden soll ... Die erforderliche Ausdehnung des Bestandes an Transaktionsmitteln kann auch ohne Beeinträchtigung des inländischen Gütervolumens herbeigeführt werden[19]." Allerdings weist Martell darauf hin, „daß die inländischen Investoren auf Grund der gegebenen Investitionsneigung und die inländischen Verbraucher auf Grund der gegebenen Verbrauchsneigung eben nicht bereit gewesen sind, mehr für Sachinvestitionen oder/und mehr für Verbauch im Inland auszugeben ..."[20]. Damit weisen die Zahlungsbilanzsalden eine gewisse konjunkturabhängige Zwangsläufigkeit auf.

Die gesamtwirtschaftlichen Nachteile hoher Devisenbestände bei Land A erhöhen sich noch, wenn Preissteigerungen im Land B den Wert von B-Devisen senken. Bei B vermindern sich dadurch die außenwirtschaftlichen Verbindlichkeiten — gemessen in inländischen Gütern. Das Land B erhält über Zahlungsbilanzdefizite Güter und verstärkt damit seinen Produktionsapparat. Es erleidet aber — ceteris paribus — eine Schrumpfung seines Zentralbankgeldbestandes und gerät mit zunehmender Verschuldung in eine steigende Abhängigkeit von A. Das Liquiditätsproblem in B ließe sich über eine Verschuldung des Staates bei der Notenbank lösen.

Trotz dieser Nachteile — besonders für das zahlungsbilanzaktive Land — weist die deutsche Zahlungsbilanz anhaltende Überschüsse auf. Dies ist hauptsächlich auf die Preisstabilität und den Produktivitätsvorsprung gegenüber dem Ausland zurückzuführen. Ferner kommt diese Entwicklung dem Wunsch nach möglichst hohen Währungsreserven entgegen, um im Außenhandel genügend Bewegungsfreiheit zu haben, was bei der starken außenwirtschaftlichen Verflechtung Deutschlands verständlich ist. Das Verhältnis zwischen Exporten sowie dem Ausland erbrachten Dienstleistungen einerseits und dem Bruttosozialprodukt andererseits betrug ohne Berlin und Saarland für das Jahr 1960 25 vH[21]. Offensichtlich werden aber die Nachteile hoher Devisenbestände

---

Principles of Political Economy and Taxation ..., S. 244.) Keynes hat den ökonomischen Widersinn einer Ansammlung von Goldreserven am Beispiel der amerikanischen Währungspolitik in den zwanziger Jahren deutlich gemacht: Die Vereinigten Staaten werden „zu der kostspieligen Politik getrieben, in den Gewölben Washingtons alles zu begraben, was die Bergleute des Rands mit Mühe an die Oberfläche gebracht haben". *Keynes*, J. M.: Ein Traktat über Währungsreform. München/Leipzig 1924. S. 171.

[19] *Oberhauser*, A.: Probleme der Geldversorgung einer wachsenden Wirtschaft. In: Finanzarchiv. Band 25 (1966). S. 404.

[20] *Martell*, H.: Probleme der Geldversorgung der westdeutschen Wirtschaft ..., S. 56.

[21] Europäische Wirtschaftsgemeinschaft: Die währungspolitischen Instrumentarien in den Mitgliedsstaaten der Europäischen Wirtschaftsgemeinschaft. Brüssel 1962. S. 23.

nicht genügend gewürdigt. Die Reserven haben nämlich einen Umfang erreicht, der dem Sicherheitsstreben schon lange genügen dürfte, so daß die Nachteile stärker in den Vordergrund treten, die also darin bestehen, daß

(1) Zahlungsbilanzüberschüsse des eigenen Landes für andere Länder Defizite bedeuten und

(2) die „Finanzierung" der Bankenliquidität über Devisen mit volkswirtschaftlichen Verlusten verbunden ist.

Kurzfristige Zahlungsbilanzungleichgewichte können jedoch auch für die Liquiditätspolitik der Notenbank von Vorteil sein, wenn Hochkonjunktur und Zahlungsbilanzdefizit bzw. Rezession und Überschuß zusammentreffen. Dadurch werden automatisch Korrekturkräfte ausgelöst, die die Konjunktur über negative Liquiditätssalden bremsen bzw. über positive Salden anregen und damit gleichzeitig in Richtung Zahlungsbilanzausgleich wirksam werden[22].

Die deutsche Zahlungsbilanzentwicklung in den Jahren 1963 bis 1967 entsprach einer solchen Situation (vgl. Tabelle II). Diesem Zeitabschnitt war eine Periode mit Zahlungsbilanzüberschüssen und Hochkonjunktur vorausgegangen, die erst über die Aufwertung und sich abschwächende Wachstumsraten eine grundlegende Wandlung erfuhr. Nachdem noch 1962 ein Zahlungsbilanzdefizit trotz nachlassender Konjunktur einen Liquiditätsverlust von 384 Mio. DM verursacht hatte, bildete das Jahr 1963 die Ausgangsbasis für die nun einsetzenden antizyklischen Bewegungen der Zahlungsbilanzsalden: Eine gedämpfte Konjunktur im Inland und gleichzeitiger boomartiger Aufschwung in Frankreich und Italien mit entsprechenden inflationären Preissteigerungen führten zu anhaltenden Exportüberschüssen und einer Anreicherung der Bankenliquidität um 2,80 Mrd. DM. Als 1964 die Inlandsnachfrage durch die zunehmende Investitionsbereitschaft zunächst langsam und dann immer schneller anstieg und damit der Anreiz zum Export nachließ, verminderte sich der Liquiditätszufluß von 2,80 Mrd. DM auf 0,41 Mrd. DM. Im Jahr 1965 mit Hochkonjunktur im Inland und einer Rezession in Frankreich und besonders in Italien mußte das Bankensystem einen Liquiditätsentzug von 1,25 Mrd. DM hinnehmen[23]. Erst der plötzliche Rückgang der Inlandsnachfrage im Jahre 1966 führte in der zweiten Jahreshälfte zu erheblichen Zahlungsbilanzüberschüssen, die sich auf 4,36 Mrd. DM

---

[22] Vgl. *Leemann*, E.: Geldversorgung und wirtschaftliches Wachstum. In: Schweizerische Zeitschrift für Volkswirtschaft und Statistik. 102. Jahrg. (1966). S. 74.

[23] Vgl. *Martell*, H., P. *Schwanse* und R. *Pohl:* Zur Wirtschaftslage der Bundesrepublik Deutschland. Ergebnisse der Volkswirtschaftlichen Gesamtrechnung für das dritte Quartal 1964. In: Vierteljahrshefte zur Wirtschaftsforschung 1964. S. 326 ff.; Geschäftsbericht der Deutschen Bundesbank für das Jahr 1963. S. 27 f.

**Tabelle II: Saldo der Zahlungsbilanz**

(Veränderungen in Mill. DM)

| Jahre \ Monate | Jan. | Febr. | März | April | Mai | Juni | Juli | Aug. | Sept. | Okt. | Nov. | Dez. | Jahres-Summen |
|---|---|---|---|---|---|---|---|---|---|---|---|---|---|
| 1963 | − 579 | + 241 | + 451 | + 171 | + 482 | + 534 | + 79 | + 247 | + 381 | + 494 | + 421 | − 126 | + 2 796 |
| 1964 | − 469 | + 632 | + 406 | − 412 | − 144 | + 378 | + 63 | − 223 | − 50 | + 106 | + 157 | − 38 | + 406 |
| 1965 | − 4 | − 129 | + 117 | − 295 | − 313 | − 404 | − 529 | − 608 | + 137 | + 425 | + 564 | − 212 | − 1 251 |
| 1966 | − 50 | − 408 | − 551 | − 386 | − 150 | + 685 | + 859 | + 375 | + 602 | + 888 | + 712 | + 206 | + 2782 |
| 1967 | − 1 015 | + 1 217 | + 617 | + 247 | + 524 | − 60 | + 511 | + 229 | − 288 | + 808 | + 941 | − 412 | + 3 319 |

Quelle: Monatsberichte der Deutschen Bundesbank.

(Juni bis Dezember) beliefen, sich allerdings durch die vorangegangenen Defizite um 1,69 Mrd. DM (Januar bis Mai) auf 2,78 Mrd. DM ermäßigten. Diese Tendenz setzte sich 1967 weiter fort: Die liquiden Mittel der Geschäftsbanken nahmen um 3,32 Mrd. DM zu.

Die Zahlungsbilanz hat sich damit in dieser Periode als Stabilisator der Konjunktur erwiesen, indem sie im Boom durch Liquiditätsabzüge bremste und in der Rezession durch Zuführung liquider Mittel anregte. Allerdings führen diese antizyklischen Bewegungen nicht zu einem langfristigen Zahlungsbilanzausgleich, da die Überschüsse größer sind als die Defizite, so daß sich per Saldo die Devisenbestände erheblich erhöht haben. Gerade das ist aber wegen der volkswirtschaftlichen Nachteile umfangreicher Devisenbestände unerwünscht.

Noch problematischer wird es aber bei den sogenannten atypischen Zahlungsbilanzsituationen, in denen entweder laufend Liquidität trotz Rezession entzogen oder Liquidität trotz Hochkonjunktur zugeführt wird. Hierbei ist der zweite Fall — positive Veränderung der Liquiditätssalden bei Hochkonjunktur — besonders negativ zu beurteilen, weil „das Güterangebot sinkt und obendrein ... die inländische Geldmenge erhöht" wird[24].

Aus der vorangegangenen Erörterung wird deutlich, welche Vorteile eine Steuerung des Zahlungsbilanzsaldos für die Liquiditätsversorgung der Banken hätte. Im folgenden sollen deshalb die Möglichkeiten untersucht werden, wie und in welchem Umfang auf die Zahlungsbilanzentwicklung eingewirkt werden kann, obwohl es sich hier um einen Marktfaktor handelt. Nach den beteiligten Instanzen soll das zu erörternde Instrumentarium in kreditpolitische und administrative Maßnahmen getrennt werden.

### *b) Die Beeinflussung der Zahlungsbilanz*

#### α) Kreditpolitische Maßnahmen

Die kreditpolitischen Maßnahmen laufen hauptsächlich auf eine Manipulation der Zinssätze in weitestem Sinne hinaus. Und zwar sollen dadurch Geld- und Kapitalbewegungen ausgelöst werden, die die Zahlungsbilanz zum Ausgleich bringen[25]. Soweit es sich um Geldexport han-

---

[24] *Noll,* W.: Die Geldversorgung in einer wachsenden Wirtschaft ..., S. 362.

[25] Um Mißverständnissen zu begegnen, muß hier noch einmal darauf hingewiesen werden, daß die kurzfristigen Auslandsanlagen der Kreditinstitute nicht als zahlungsbilanzrelevant angesehen werden, da kaum ein Unterschied zwischen Devisen in der Hand von Kreditinstituten oder der Notenbank besteht. So führt die Förderung des Geldexportes der Banken über die Swappolitik lediglich zu einer Umschichtung innerhalb der liquiden Mittel. Eine aktive Zahlungsbilanz läßt sich damit unter liquiditätsmäßigen Gesichtspunkten nicht ausgleichen.

delt, lassen sich die Ströme leicht umkehren, so daß damit nur ein labiles Zahlungsbilanzgleichgewicht herbeigeführt werden kann. In einer später folgenden Rückflußperiode verursachen sie ein gleich hohes Zahlungsbilanzdefizit[26]. Dennoch ist es häufig vorteilhafter, wenigstens einen kurzfristigen Ausgleich zu erzielen, um spekulative Bewegungen aufzufangen oder um Zeit für Anpassungsmaßnahmen zu gewinnen[27]. Diese Hinweise machen bereits deutlich, daß das Handeln der kreditpolitischen Instanzen nicht allein durch Liquiditätsüberlegungen bestimmt wird, denn dann müßten langfristig von jedem Land Zahlungsbilanzüberschüsse angestrebt werden. Vielmehr bilden devisenpolitische und konjunkturelle Gründe gleichermaßen den Anlaß. Bei Hochkonjunktur und Zahlungsbilanzdefizit erfordern außen- und binnenwirtschaftliche Ziele identische Maßnahmen: Die Zinsen werden angehoben, um die Konjunktur zu dämpfen. Gleichzeitig entsteht durch das hohe Zinsniveau ein Anreiz für Auslandsgelder, in diesem Land Anlage zu suchen, wodurch sich das Zahlungsbilanzdefizit tendenziell vermindert. Für die Rezession mit aktiver Bilanz gilt Entsprechendes mit umgekehrten Vorzeichen. Konflikte ergeben sich in den atypischen Fällen, bei denen Hochkonjunktur und Zahlungsbilanzüberschüsse bzw. Rezession und Defizite zusammentreffen. Hier müßten unter konjunkturellen Gesichtspunkten die Zinsen erhöht, aus Zahlungsbilanzgründen die Zinsen gesenkt werden und umgekehrt[28].

Die Notenbank hat zahlreiche Möglichkeiten, die Zinshöhe im Inland zu beeinflussen. Hierzu gehört einmal der Diskontsatz, der auf die Zinskosten der kurzfristigen Kredite ausstrahlt und ein wesentliches Datum für die Geldmarktsätze darstellt. Er bildet im Regelfall die Obergrenze für die Geldmarktsätze, solange noch genügend Refinanzierungsspielraum vorhanden ist[29]. Als ein weiteres Instrument ist die Festsetzung der Abgabe- und Rücknahmesätze für Offenmarktpapiere anzusehen.

---

[26] Typisch für derart kurzfristige Korrekturen sind Maßnahmen der englischen Währungsbehörden, die durch hohe Diskontsätze den Zufluß von Auslandsgeldern anregen wollen, ohne damit die eigentlichen Ursachen zu treffen, die vorwiegend im güterwirtschaftlichen Bereich liegen.

Die Bundesbank bediente sich ähnlicher Instrumente — nur mit umgekehrten Vorzeichen —, indem sie durch eine Zinssenkungspolitik den Geldexport zu fördern versuchte. Solche Maßnahmen können durchaus ihre Berechtigung haben, solange lediglich zeitlich eng begrenzte Ausschläge zu glätten sind.

[27] *Andreas*, K.: Die theoretischen Grundlagen der Geldpolitik ..., S. 16.

[28] Vgl. *Ehrlicher*, W.: Die außenwirtschaftliche Komponente der Geldversorgung ..., S. 601 ff. Erinnert sei hier auch an die vergeblichen deutschen Bemühungen in den Jahren 1959/60, Zahlungsbilanzüberschüsse und Hochkonjunktur gleichzeitig zu dämpfen. Das widersprüchliche Ziel lautete damals: Knappes und billiges Zentralbankgeld. Vgl. auch Geschäftsbericht der Deutschen Bundesbank für das Jahr 1960. S. 43 ff. und 49 f.

[29] Vgl. *Köhler*, Cl.: Der Geldkreislauf ..., S. 118 f.

Die Bundesbank beherrscht aufgrund ihrer monopolartigen Stellung diesen Markt, wenigstens soweit es die Untergrenze der Geldmarktsätze betrifft, weil kein Kreditinstitut Anlagen mit vergleichbaren Laufzeiten und Sicherheiten vornimmt, die geringer verzinslich sind als diese Papiere[30].

Die Kapitalmarktzinsen lassen sich von zwei Seiten her beeinflussen. Erstens über den Geldmarktzins, weil sehr enge Verbindungen zwischen beiden Märkten bestehen. Diese beruhen darauf, daß die Kreditinstitute als wichtige Anbieter und Nachfrager auch am Kapitalmarkt auftreten und zu große Zinsabweichungen zwischen beiden Märkten verhindern. Ähnliche Einflüsse gehen von den Kreditnehmern des Nichtbankensektors aus, die bei einem größeren Zinsgefälle Substitutionen zwischen kurz- und langfristigen Krediten vornehmen, indem z. B. billigere langfristige Kredite zur Finanzierung der Betriebsmittel eingesetzt werden[31]. Zweitens kann die Notenbank direkt am Kapitalmarkt eingreifen, indem sie Rentenwerte kauft oder verkauft, um den Zins für langfristiges Kapital zu beeinflussen. Gleichzeitig wird dadurch auch der Geldmarktzins berührt[32]. So bestehen wechselseitige Beziehungen zwischen beiden Märkten.

Zinswirksam kann auch die Verpflichtung zur Unterhaltung von Mindestreserven eingesetzt werden, um die Devisenströme in bestimmte Richtungen zu lenken. Die Bundesbank hat seit April 1957 die Mindestreservesätze für Verbindlichkeiten gegenüber Gebietsfremden zeitweise höher festgesetzt, als die Sätze für Einlagen von Gebietsansässigen, um dem Zustrom von Auslandsgeldern Einhalt zu gebieten[33]. Viermal wurden sogar die gesetzlich zulässigen Höchstsätze verlangt. Sie galten vom 1. September 1957 bis 31. März 1959, vom 1. Mai 1961 bis 31. Januar 1962 und vom 1. April 1964 bis 31. Januar 1967. Für 16 Monate (1. 1. 60 bis 30. 4. 61) wurde der Zuwachs gegenüber dem Stand vom 30. November 1959 mit den Höchstsätzen belegt[34]. Als Ergänzung hierzu ist das soge-

---

[30] Vgl. *Köhler*, Cl.: Der Geldkreislauf ..., S. 120 ff.

[31] If borrowers „find it easier to obtain bank credit than to borrow on long-term, they may use an overdraft to meet financial needs that would normally be satisfied by long-term borrowing". Committee on the Working of the Monetary System - Report (Radcliffe-Report). London 1964. S. 107.

[32] Die Bundesbank hat seit August 1967 langfristige Bundesanleihen für eigene Rechnung gekauft, um „den Geldmarkt liquide zu halten und zugleich den Rentenmarkt im Sinne ihrer Zinspolitik zu beeinflussen". Monatsberichte der Deutschen Bundesbank. August 1967. S. 5.

[33] Rechtliche Grundlage bildet § 16 Abs. 1 BBankG. Danach darf die Bundesbank „den Vom-Hundert-Satz für Sichtverbindlichkeiten nicht über dreißig, für befristete Verbindlichkeiten nicht über zwanzig und für Spareinlagen nicht über zehn festlegen. Innerhalb dieser Grenzen kann sie die Vom-Hundert-Sätze nach allgemeinen Gesichtspunkten ... verschieden bemessen ...".

[34] Monatsberichte der Deutschen Bundesbank. Statistischer Teil IV. 1. a.

nannte Kompensationsprivileg anzusehen: Verbindlichkeiten gegenüber Gebietsfremden werden in Höhe der bei Banken im Ausland unterhaltenen Guthaben und der ausländischen Geldmarktanlagen von der Reservepflicht befreit[35]. Eine derart ausgerichtete Mindestreservepolitik wird hauptsächlich aus Zinsgründen wirksam. Der Anreiz für Ausländer, Einlagen bei deutschen Kreditinstituten zu unterhalten, wird beeinträchtigt, weil die Banken wegen der damit verbundenen höheren Mindestreservelasten geringere Zinsen zu zahlen bereit sind, als für Einlagen von Gebietsansässigen. Fließen den Kreditinstituten dennoch Einlagen zu, so soll das Kompensationsprivileg den Reexport der Gelder unterstützen, indem über die Einsparung von Mindestreserven ein zusätzliches Zinsgefälle zum Ausland erzeugt wird.

In der gleichen Richtung wirkt die Devisenankaufs- und -verkaufspolitik, mit deren Hilfe sich Zinsunterschiede zwischen zwei Ländern vermindern oder erhöhen lassen. Zwar ändert sich durch den Geldexport der Banken nicht deren Liquidität, weil kurzfristige Auslandsanlagen zu den liquiden Mitteln zählen. Jedoch führt die Förderung des Geldexports bis zu einem gewissen Grade im Inland zu Zinserhöhungen, weil sich der Anlagefächer der Kreditinstitute vergrößert. Die Banken vergleichen die Zinserträge ihrer inländischen und ausländischen Anlagen, so daß die Anhebung der Verzinsung im Ausland auf das Inland zurückwirkt. Entsprechende Effekte lassen sich mit der Swapsatzpolitik erzielen, die auch geeignet ist, Zinsunterschiede zu vermindern oder zu erhöhen.

Schließlich ist auf ein besonderes Mittel hinzuweisen, das ebenfalls dazu dient, das Einströmen von Auslandsgeld zu vermeiden, ohne aber über den Zins wirksam zu werden: Die Anrechnung der im Ausland von Banken aufgenommenen Kredite auf das Rediskontkontingent[36]. Der Diskontkredit der Notenbank wird von den Banken als letzte Liquiditätsquelle angesehen. Jedes Kreditinstitut bemüht sich, diese Kreditlinie möglichst nicht voll auszunutzen, um im Notfall hierauf zurückgreifen zu können. Daher stellt die Kürzung des Rediskontkontingents eine empfindliche Maßnahme dar, die jedes Institut vermeiden möchte. Hinzu kommt, daß der Notenbankkredit billiger sein kann als der Auslandskredit. Weichen die Banken trotzdem auf das Ausland aus, so nur, um ihr Kontingent zu schonen. Wenn aber die Aufnahme relativ teurer Auslandsgelder auf das Kontingent angerechnet wird, tauscht die Bank praktisch billigen Kredit gegen teuren ein.

---

[35] § 2 Abs. 4 Anweisung der Deutschen Bundesbank über Mindestreserven (AMR) vom 3. September 1962 in der Fassung vom 4. November 1965. Diese Bestimmung wurde mit Wirkung vom 1. Januar 1967 aufgehoben.

[36] Vgl. Geschäftsbericht der Deutschen Bundesbank für das Jahr 1965. S. 117.

Dieses Bündel kreditpolitischer Instrumente zielt mit Ausnahme des letzten auf eine Veränderung der Zinshöhe ab, die wiederum ausschlaggebend für die Devisenströme ist. Die angestrebten Bewegungen werden aber tatsächlich nur ausgelöst, wenn im Ausland nicht gleichgerichtete Bemühungen angestellt werden, so daß mit einer Zinssenkung im Inland eine Zinssenkung im Ausland einhergeht und sich die beabsichtigten Wirkungen aufheben. Hier bedarf es einer internationalen Koordination der Kreditpolitik, was sich am leichtesten bei gegenläufigen Konjunkturen erreichen läßt. Sonst müssen die eigenen Interessen mit denen der anderen Länder sorgfältig abgestimmt werden, um zu einem tragbaren Ausgleich zu gelangen.

### β) Administrative Maßnahmen

Das administrative Instrumentarium zur Beeinflussung der Zahlungsbilanz ist sehr umfangreich. Hierzu zählen insbesondere Zölle und Kontingente sowie steuerpolitische Maßnahmen. Zwar ist die Bewegungsfreiheit der einzelnen Staaten auf dem Gebiet des Warenverkehrs — soweit sie dem GATT und besonders der EWG beigetreten sind — erheblich eingeschränkt worden, aber in Notfällen können die eingegangenen Verpflichtungen aufgrund von Ausnahmeregelungen[37] vorübergehend suspendiert werden. Im Rahmen dieser Arbeit sollen jedoch nur Mittel erörtert werden, die im monetären Bereich liegen. Am reibungslosesten lassen sich solche Instrumente einsetzen, die als Ergänzung zur Kreditpolitik deren Zinswirkungen verstärken. Dazu zählt die sogenannte Kouponsteuer[38], die als Abwehrmaßnahme gegen den Zufluß von ausländischem Kapital entstand. Sie sollte hauptsächlich den Unterschied zwischen Hochzins- und Niedrigzinsländern auf steuerlichem Wege ausgleichen[39]. Der Gegenpol dazu ist die amerikanische Interest Equalization Tax, die zur Dämpfung des Kapitalabstroms aus den Vereinigten Staaten erlassen wurde[40]. Beide Maßnahmen haben sich als sehr wirksam erwiesen, weil der starke zinsmäßige Anreiz plötzlich entfiel und zeitweise sogar in sein Gegenteil umschlug.

---

[37] Vgl. Artikel XII. Allgemeines Zoll- und Handelsabkommen von Genf vom 30. Oktober 1947. Anlagenband I zum BGBl. II Jahrg. 1951. S. 20.

[38] Gesetz zur Änderung und Ergänzung des Einkommensteuergesetzes, des Körperschaftsteuergesetzes und des Kapitalverkehrsteuergesetzes vom 25. März 1965. BGBl. I S. 147.

[39] „Die Auswirkungen des Kouponsteuergesetzes.“ In: Monatsberichte der Deutschen Bundesbank. Juni 1965. S. 3 ff.; ähnlich „Die Neuregelung der Kouponsteuer in Italien“. Neue Zürcher Zeitung vom 25. 2. 1967.

[40] Diese Steuer trat 1964 in Kraft und erstreckte sich zunächst nur auf ausländische Emissionen in den USA, wurde aber Anfang 1965 auf Kredite amerikanischer Banken an Ausländer mit Laufzeiten von einem Jahr und mehr ausgedehnt. *Kent*, R. P.: Money and Banking . . ., S. 690.

In die gleiche Kategorie ist das Verzinsungsverbot der Einlagen Gebietsfremder einzuordnen, das aufgrund von § 53 der Außenwirtschaftsverordnung[41] praktiziert wird, indem die Bundesbank von ihrem Genehmigungsrecht keinen Gebrauch macht. Ergänzt wird dies durch die Beschränkung der Abgabe inländischer Geldmarktpapiere sowie von Wertpapierpensionsgeschäften mit inländischen Rentenwerten gemäß § 52 AWV[42]. Allerdings bieten sich hier zahlreiche Umgehungsmöglichkeiten z. B. in Form von Pensionsgeschäften mit Nicht-Rentenpapieren, Forderungen u. dgl. an.

Auf einer anderen Ebene liegen Kapitalimport- und -exportverbote. Bei diesen Maßnahmen wird nicht mehr der Zins als Wirkungsmechanismus eingeschaltet, sondern der Zahlungsverkehr selbst reguliert. Kapitalimportverbote sind im Hinblick auf die Zahlungsbilanzentwicklung relativ selten, da für die meisten Länder nicht Überschüsse, sondern Defizite als Problem auftreten. Immerhin spielten Importverbote in Deutschland nach der Währungsreform eine Rolle, um eine neue übermäßige Verschuldung gegenüber dem Ausland mit ihren Gefahren, wie sie sich in der Krise 1930/31 gezeigt haben, zu vermeiden[43]. In Frankreich sind Importverbote heute noch von gewisser Bedeutung, hier aber nicht aus Zahlungsbilanzgründen, sondern aus Furcht vor Überfremdung.

Kapitalexportverbote sind dagegen ein immer wiederkehrendes Mittel, um Zahlungsbilanzdefizite zu beseitigen, obwohl erstens Kapitalexporte starke Warenströme nach sich zu ziehen pflegen und zweitens die daraus resultierenden Kapitalerträge wieder in das Ursprungsland zurückkehren[44]. Aber hier stehen dann meistens akute Zahlungsbilanzschwierigkeiten im Vordergrund, die sofort gelöst werden müssen.

Als letzter Ausweg bleibt schließlich die Wechselkursänderung, um ein Zahlungsbilanzungleichgewicht zu beseitigen. Es ist das schwerwie-

---

[41] Verordnung zur Durchführung des Außenwirtschaftsgesetzes (Außenwirtschaftsverordnung — AWV) vom 22. August 1961. BGBl. I S. 1381.

[42] Vgl. Geschäftsbericht der Deutschen Bundesbank für das Jahr 1966. S. 117.

[43] Vgl. *Kühne*, R.: Liberalisierte Kapitalmark. Enzyklopädisches Lexikon für das Geld-, Bank- und Börsenwesen. Band II. Frankfurt/M. 1957. S. 1119 f.

[44] Vgl. die Debatte über Zahlungsbilanz und Kreditpolitik zwischen L. Albert Hahn und E. Wolf: *Hahn*, L. A.: Wandel der Zahlungsbilanzsituation? In: ZKW. 12. Jahrg. (1959). S. 928 ff.; *Wolf*, E.: Die außenwirtschaftlichen Aspekte der härteren Kreditpolitik. In: ZKW. 12. Jahrg. (1959). S. 959 ff. Außerdem *Salant*, W. S., E. *Despres*, L. B. *Krause*, A. M. *Rivlin*, W. A. *Salant* und L. *Tarshis:* The United States Balance of Payments in 1968. Washington D. C. 1963. S. 7 f. und S. 15 ff. Hier werden u. a. die Zusammenhänge zwischen Kapitalexport und Warenbewegungen untersucht und „feed back ratios“ errechnet, die den Rückfluß des Kapitals über zusätzliche Warenexporte angeben. Die Verfasser wollen damit beweisen, daß die Unterbindung von Kapitalexporten (Direktinvestitionen) zu Dämpfungen des Warenexports führen und daher als Zahlungsbilanzsanierung fragwürdig sein kann.

gendste monetäre Instrument, dessen Anwendung nur auf Ausnahmesituationen beschränkt bleiben sollte, um die internationalen Waren- und Geldströme nicht ständig zu stören[45]. Denn jede Wechselkursänderung erfordert eine Neuorientierung der Wirtschaftsbeziehungen. Bei einer Abwertung werden Inlandsgüter auf den Auslandsmärkten billiger und die ausländischen Güter im Inland teurer, so daß der Export begünstigt, der Import erschwert wird. Eine Aufwertung wirkt entgegengesetzt. In der Regel ist aber eine Wechselkursvariation allein trotz ihrer großen Bedeutung nicht ausreichend, weil auch damit nicht die bisherigen Bestimmungsgründe für die Zahlungsbilanzentwicklung geändert, sondern nur deren Folgen beseitigt werden. So kommt es nicht selten zu wiederholten Abwertungen, da sich diese politisch am leichtesten durchsetzen lassen[46].

Die Aufzählung dieser kreditpolitischen und administrativen Instrumente sollte zeigen, wie die Zahlungsbilanzentwicklung gesteuert werden kann. Dabei ist aber zu berücksichtigen, daß mehrere der administrativen Maßnahmen, besonders soweit sie mit Zöllen oder mengenmäßigen Beschränkungen verbunden sind, zur Beeinflussung der Zahlungsbilanz als nicht adäquat anzusehen sind und teilweise im EWG-Bereich nicht mehr angewandt werden können. Die Zahlungsbilanz verliert also bis zu einem gewissen Grade den Charakter eines Marktfaktors. Sie ist insoweit beeinflußbar. Wenn dennoch hohe Salden mit entgegengesetzten Vorzeichen zu konstatieren sind, die die kontinuierliche Liquiditätsversorgung des Bankenapparates stören, so beruht das auf Zielkonflikten, die sich nicht überwinden lassen. Daher ist stets bei dem Einsatz des obigen Instrumentariums die Verhältnismäßigkeit zu prüfen: Lohnt es sich, eine Wechselkursänderung vorzunehmen, um bestimmte Liquiditätssaldenverschiebungen zu erreichen? Der Schaden, der durch einen so tiefen Eingriff in die außenwirtschaftlichen Güter- und Geldströme entstehen kann, wird häufig größer sein, als der Vorteil einer verbesserten inneren Liquiditätsversorgung. Außerdem ist die Bundesrepublik Bestandteil eines langsam gewachsenen Wirtschafts- und Währungssystems, das allen Mitgliedsländern die Vorteile einer internationalen Arbeitsteilung zukommen läßt. In einem solchen System isolierte Maßnahmen zu treffen, besonders von der Bedeutung einer

---

[45] „A member shall not propose a change in the par value of its currency except to correct a fundamental disequilibrium.“ Article IV. Section 4 (a). Articles of Agreement. International Monetary Fund vom 28. Juli 1952. BGBl. II S. 637.

[46] Im übrigen sei auf die eingehende Analyse bei Luckenbach verwiesen, in der die allgemein unterstellten Abhängigkeiten zwischen Wechselkursänderungen und Zahlungsbilanzausgleich kritisch untersucht werden. *Luckenbach*, H.: Wechselkursänderungen und Zahlungsbilanzausgleich. In: Theoretische und institutionelle Grundlagen der Wirtschaftspolitik. Theodor Wessels zum 65. Geburtstag. Berlin 1967. S. 421 ff.

Wechselkursänderung, führt stets zu Reibungen, die erst nach und nach in einem längerfristigen Anpassungsprozeß überwunden werden können. Die wirtschaftspolitische Entscheidungsfreiheit einzelner Länder ist dadurch eingeengt. Wird dies berücksichtigt, so bleiben für eine flexible Zahlungsbilanzpolitik praktisch nur die zinsgebundenen Instrumente[47] — und selbst diese sind lediglich dann erfolgreich anwendbar, wenn ihr Einsatz mit dem Ausland abgestimmt wird. So wird die Eigenschaft der Zahlungsbilanz als Marktfaktor wieder stärker sichtbar. Die diskontinuierlichen Einflüsse lassen sich nur teilweise ausschalten.

### *c) Exkurs: Der Valutaausgleichsfonds*

Abschließend soll eine Einrichtung erörtert werden, mit der mehrere Länder seit den dreißiger Jahren versuchen, den Zwiespalt zwischen innerer und äußerer Währungspolitik zu überbrücken. Sie wollen mit Hilfe von Valutaausgleichsfonds einerseits den Wechselkurs stabilisieren und andererseits den inneren Wirtschaftskreislauf von der Zahlungsbilanzentwicklung lösen[48]. In diesem Zusammenhang interessiert besonders das zweite Ziel, so daß auf die Behandlung der Wechselkurssicherung verzichtet werden kann.

Der grundlegende Gedanke ist folgender: Sobald Devisenzu- oder -abflüsse auftreten, schlagen sich diese in den Liquiditätssalden nieder. Der Devisenausgleichsfonds wird nun als Puffer eingeschaltet, um die Saldenveränderungen in beiden Richtungen zu absorbieren. Veit unterscheidet nach der Konstruktion der Fonds zwischen zwei verschiedenen Typen. Auf der einen Seite befindet sich der englische Exchange Equalization Account, dem der holländische nachgebildet wurde, während auf der anderen Seite die Fonds der USA, von Kanada, Frankreich, Belgien und der Schweiz stehen. Das Besondere am englischen Typ ist, daß der Account überwiegend mit neu emittierten Geldmarktpapieren ausgestattet wurde. Dagegen erhielten die anderen Fonds ausschließlich Gold und Devisen, die zu Interventionen an den Devisenmärkten eingesetzt werden sollen[49]. Hier hat man lediglich eine Verlagerung der Geschäfte von der Notenbank auf eine staatliche Stelle vorgenommen, um die Eingriffe des Staates in die Gold- und Devisenbewegungen zu verdecken und damit die Publizität zu beseitigen. An den Liquiditätswirkungen

---

[47] *Köhler,* Cl.: Der Deutsche Geldmarkt — Alimentierung und kreditpolitische Beeinflussung. In: Zeitfragen der Kreditwirtschaft. Herausgeber Bank für Gemeinwirtschaft Aktiengesellschaft. Frankfurt/Main. 1964. S. 56 f.

[48] Vgl. die ausführliche Analyse der Hintergründe, die zum Entstehen der Valutaausgleichsfonds geführt haben, bei: *Veit,* O.: Grundriß der Währungspolitik . . ., S. 132 ff.

[49] Vgl. *Veit,* O.: Grundriß der Währungspolitik . . ., S. 134 f.

der Zahlungsbilanz selber hat sich nichts geändert[50]. Der englische Typ ist aber so aufgebaut, daß er auch liquiditätswirksam arbeiten kann: „... that is the insulation of the internal monetary system from the multiple repercussions which might otherwise occur through changes in the balance of payments[51].“ „The desire to isolate ... the internal monetary situation from the influence of speculative capital movements arose from the realization that such movements were frequently very disturbing, and had lost the justification they had under the gold standard system[52].“ Der Account wurde bei seiner Gründung 1932 als Abteilung des Schatzamtes mit Geldmarktpapieren in Höhe von 150 Mio. $ und 25 Mio. $ in Dollar ausgestattet[53]. Kommt es zu einem Devisenzustrom, so kauft der Fonds die Devisen gegen Hingabe von Geldmarktpapieren an. Technisch ist die Abwicklung allerdings etwas komplizierter, da der Devisenverkäufer nicht gleichzeitig als Nachfrager nach Geldmarktpapieren aufzutreten braucht. Vielmehr bittet der Account das Schatzamt um Rücknahme der Titel gegen Inlandswährung in Höhe der zu erwerbenden Devisen. Das Schatzamt erhöht daraufhin bei der nächsten wöchentlichen Versteigerung (Tender) den Betrag der zu verkaufenden Papiere um eben diese Summe[54]. Da traditionell stets das gesamte Angebot vom Markt aufgenommen wird[55], verlieren die Banken Zentralbankgeld, das ihnen vorher aufgrund des Devisenverkaufs zugeflossen war. Bei einem Zahlungsbilanzdefizit ist dieser Vorgang umkehrbar — jedoch nur solange, wie Devisen vorhanden sind. Übernehmen Banken diese Offenmarktpapiere, so bleiben die liquiden Mittel

[50] „In Deutschland wird der Zustrom (der Devisen) und seine Auswirkung auf die Liquidität besonders deutlich, da die Notenbank die Devisen selbst ankauft. Nicht ganz so sichtbar ist dieser Effekt dort, wo die angebotenen Devisen — wie z. B. in den USA — nicht von der Notenbank, sondern vom Schatzamt erworben werden ...“ *Köhler*, Cl.: Der Geldkreislauf ..., S. 33, Fußnote 26. Daher wird die Aufgabe des amerikanischen Exchange Stabilization Fund auch wie folgt gesehen: ...„to enable the Treasury to control the value of the dollar in international exchange. Operations of the fund carried out by the Reserve Bank of New York, therefore, chiefly involve the purchase and sale of gold and foreign currencies.“ *Kent*, R. P.: Money and Banking ..., S. 440.

[51] *Day*, A. C. L.: Outline of Monetary Economics ..., S. 443.

[52] *Day*, A. C. L.: Outline of Monetary Economics ..., S. 502.

[53] *Sarow*, F.: Offenmarktpolitik zur Konjunkturregelung — Erfahrungen in England, den Vereinigten Staaten und in Deutschland. München/Leipzig 1937. S. 37. *Verrijin Stuart*, G. M.: Exchange Equalization Funds. In: Amsterdamsche Bank N. V., Bericht Januar 1937. S. 1 ff.

[54] *Day*, A. C. L.: Outline of Monetary Economics ..., S. 443 ff.

[55] Die 11 Londoner Diskonthäuser geben gemeinsam ein Angebot über die Gesamtemission ab — allerdings meistens zu den ungünstigsten Bedingungen, so daß alle anderen Käufer vor den Diskonthäusern befriedigt werden und letzteren nur der Restbetrag zugeschlagen wird. „The London discount market: some historical notes.“ In: Bank of England. Quarterly Bulletin. June 1967. S. 145. *Day*, A. C. L.: Outline of Monetary Economics ..., S. 157.

unverändert, da „Bargeld durch ‚Nahezu-Bargeld‘ ... ersetzt wird“[56]. Allerdings beteiligen sich nicht nur Banken an dem Tenderverfahren, sondern auch Nichtbanken. Außerdem kaufen Nichtbanken von den Diskonthäusern Offenmarkttitel. Gleichgültig, ob diese Papiere nun direkt oder indirekt über das Bankensystem in die Hände von Nichtbanken gelangen, in jedem Fall nehmen die Liquiditätssalden ab. Hierin liegt der eigentliche Sinn des Währungsausgleichsfonds, weil er im Umfange des Devisenangebots bzw. der -nachfrage Papiere quasi automatisch über die Versteigerung des Schatzamtes auf den Markt bringt. Die Neutralisierung der Zahlungsbilanzsalden gelingt in dem Maße, wie die Nichtbanken von dem zusätzlichen bzw. verminderten Angebot Gebrauch machen[57]. Hier wird deutlich, daß diese Art des Valutaausgleichsfonds auf eine Offenmarktpolitik mit Nichtbanken hinausläuft, die noch eingehend behandelt werden soll.

### 3. Die Kassentransaktionen der Öffentlichen Hand

Die Bedeutung des Marktfaktors Kassentransaktionen der Öffentlichen Hand für die Bankenliquidität geht aus Tabelle III hervor. Die hohen kurzfristigen Ausschläge in beide Richtungen machen deutlich, welchen Liquiditätsschwankungen das Bankensystem von dieser Seite ausgesetzt ist. Sie haben ihre Ursache in der geringen Einnahmen/Ausgabensynchronisation, die gerade zu den großen Steuerterminen sichtbar wird[58], obwohl z. B. der Bund in den Hauptsteuermonaten — und besonders zum Jahresende — sein Ausgabenvolumen zu steigern pflegt[59]. Das Problem wird noch offensichtlicher, wenn man die aufgelaufenen Liquiditätssalden der einzelnen Jahre betrachtet. Sie weisen — mit Ausnahme von 1967 — einen ständigen, wenn auch unterschiedlich hohen Liquiditätszufluß aus. Stellt man dieser Entwicklung die jeweils verfolgte Kreditpolitik gegenüber, so zeigt sich eine erhebliche Disharmonie zwischen den Liquiditätswirkungen der Kassentransaktionen und kreditpolitischem Wollen. 1963 stand der Liquiditätszustrom im Einklang mit der konjunkturellen Situation, wenn auch die Verteilung auf das Jahr (erstes Halbjahr — 1,88 Mrd. DM, zweites Halbjahr + 3,30 Mrd. DM) ungünstig war: Die Liquidisierung des Bankenapparates setzte erst ein, als über eine steigende Auslandsnachfrage der Konjunkturtrend bereits wieder nach oben gerichtet war. Die Zunahme der

[56] *Veit,* O., unter Mitwirkung von O. *Peters,* B. *Stadermann* und H. *Bödler:* Die veränderte Währungspolitik und ihre Folgen. Frankfurt/M. 1957. S. 73.

[57] Bank für Internationalen Zahlungsausgleich: Acht europäische Zentralbanken. Frankfurt/M. 1963. S. 153.

[58] *Gleske,* L.: Die Liquidität in der Kreditwirtschaft ..., S. 73.

[59] Monatsberichte der Deutschen Bundesbank. Statistischer Teil IV. 4. „Kassenmäßige Entwicklung des Bundeshaushalts.“

**Tabelle III: Kassentransaktionen der Öffentlichen Hand**

(Veränderungen in Mill. DM)

| Jahre \ Monate | Jan. | Febr. | März | April | Mai | Juni | Juli | Aug. | Sept. | Okt. | Nov. | Dez. | Jahres-Summen |
|---|---|---|---|---|---|---|---|---|---|---|---|---|---|
| 1963 | − 406 | + 120 | − 1 548 | + 1 | + 905 | − 948 | + 98 | + 1 283 | − 441 | + 98 | + 1 162 | + 1 100 | + 1 424 |
| 1964 | − 279 | − 152 | − 1 471 | + 135 | + 830 | − 948 | + 630 | + 541 | − 1 442 | − 417 | + 1 973 | + 912 | + 312 |
| 1965 | − 462 | + 591 | − 789 | + 369 | + 1 281 | − 730 | − 174 | + 956 | − 1 403 | + 315 | + 950 | + 337 | + 1 241 |
| 1966 | + 97 | − 460 | − 1 315 | + 644 | + 1 033 | − 893 | + 1 001 | + 1 227 | − 1 769 | + 599 | + 687 | − 284 | + 567 |
| 1967 | + 77 | − 940 | − 685 | + 303 | + 270 | − 988 | + 568 | + 585 | − 1 895 | + 1 547 | + 1 175 | + 712 | + 729 |

Quelle: Monatsberichte der Deutschen Bundesbank.

Liquiditätssalden hielt jedoch bis 1966 an, obwohl die Notenbank mit ihrem Instrumentarium bis Mitte 1966 immer stärker bremste. Es gelang ihr nur unter Aufbietung aller Kräfte und mit großer zeitlicher Verzögerung, die angesammelten und zum Teil neu zufließenden liquiden Mittel zu neutralisieren und die Kreditgewährung der Banken einzuschränken. Wieviel eher hätte dieses Ziel erreicht werden können, wenn die Öffentliche Hand ihre Kassentransaktionen mit der Notenbank abgestimmt hätte. Neben der Verkürzung des Bremsweges wäre auch die Dämpfung der Konjunktur mit ihren negativen Folgen für das wirtschaftliche Wachstum nicht so stark ausgefallen, wie das dann tatsächlich 1966/67 der Fall war.

Die Restriktionsbemühungen wurden also durch Kassentransaktionen nicht unterstützt. Aber als es anschließend darum ging, die Konjunktur wieder anzuregen und den Banken liquide Mittel zuzuführen, verhielt sich der Fiskus erneut prozyklisch: Er entzog den Banken über Kassenkredittilgungen und den Aufbau von Guthaben im ersten Quartal 1967 1,55 Mrd. DM, obwohl eine antizyklische Haushaltspolitik erklärtes Ziel der Regierung war und diese Absicht z. B. in der Aufstellung und Verabschiedung der beiden Eventualhaushalte zum Ausdruck kam. Köhler führt dieses zwiespältige Verhalten darauf zurück, daß sich die Öffentliche Hand der kreditpolitischen Wirkungen ihrer Kassentransaktionen nicht bewußt ist[60]. Es dürfte jedoch eine Frage der Zeit sein, bis sich diese Erkenntnis durchgesetzt hat[61], denn an dem guten Willen wird es nicht fehlen. So läßt sich der Marktfaktor Kassentransaktionen in Zukunft durch die Einlagen/Schuldenpolitik ergänzen.

### 4. Die sonstigen Faktoren

Hierunter werden die Guthaben der sonstigen inländischen Nichtbanken bei der Bundesbank, die schwebenden Verrechnungen im Zahlungsverkehr der Bundesbank und die sonstigen Vorgänge zusammengefaßt. Der Einfluß dieser Faktoren auf die Bankenliquidität ist — wie aus Tabelle IV zu ersehen ist — zeitweise durchaus spürbar und muß von der Kreditpolitik entsprechend berücksichtigt werden. Am stärksten schlagen sich in der beobachteten Periode die Salden aufgrund der sonstigen Vorgänge nieder, die erhebliche Streubreiten aufweisen. Die Ad-

---

[60] *Köhler*, Cl.: Mehr liquide Mittel erforderlich. In: WWI Mitteilungen 20. Jahrg. (1967). S. 326.

*Metze*, I.: Die Wirkungen staatlicher Tätigkeit auf die Liquidität ..., S. 150 f.

[61] Allerdings ist von Philippovich bereits vor über 80 Jahren auf die besondere Bedeutung der Kassenführung der Öffentlichen Hand hingewiesen worden. *Philippovich von Philippsberg*, E.: Die Bank von England im Dienste der Finanzverwaltung des Staates. Wien 1885. S. 192 ff.

**Tabelle IV: Sonstige Faktoren**

(Veränderungen in Mill. DM)

| Jahre | Monate | Jan. | Febr. | März | April | Mai | Juni | Juli | Aug. | Sept. | Okt. | Nov. | Dez. | Jahres-Summen |
|---|---|---|---|---|---|---|---|---|---|---|---|---|---|---|
| 1963 | inl. Einleger | − 12 | + 30 | + 5 | − 16 | − 2 | − 10 | + 9 | − 0 | + 6 | − 27 | + 9 | − 2 | − 10 |
| | schweb. Verr. | − 54 | + 257 | − 208 | + 110 | − 140 | + 19 | − 17 | + 84 | − 119 | − 42 | + 173 | − 134 | − 71 |
| | sonst. Vorgänge | + 58 | − 88 | − 3 | + 106 | − 36 | + 46 | − 163 | + 1 | + 43 | + 18 | − 11 | − 61 | − 90 |
| | Σ | − 8 | + 199 | − 206 | + 200 | − 178 | + 55 | − 171 | + 85 | − 70 | − 51 | + 171 | − 197 | − 171 |
| 1964 | inl. Einleger | − 2 | + 34 | − 26 | + 12 | − 19 | − 13 | + 20 | + 6 | − 21 | + 17 | − 2 | − 9 | − 3 |
| | schweb. Verr. | − 51 | + 180 | − 63 | + 25 | + 79 | − 35 | − 141 | + 64 | + 49 | + 91 | − 123 | + 25 | + 100 |
| | sonst. Vorgänge | + 105 | − 241 | + 71 | + 195 | + 9 | − 185 | + 67 | + 20 | − 25 | − 43 | + 62 | − 228 | − 193 |
| | Σ | + 52 | − 27 | − 18 | + 232 | + 69 | − 233 | − 54 | + 90 | + 3 | + 65 | − 63 | − 212 | − 96 |
| 1965 | inl. Einleger | + 34 | − 1 | − 42 | + 35 | + 4 | − 4 | + 2 | + 11 | − 14 | + 5 | − 18 | − 1 | + 11 |
| | schweb. Verr. | − 74 | + 316 | − 261 | + 114 | − 110 | + 85 | − 30 | − 55 | + 95 | − 38 | + 145 | − 80 | + 107 |
| | sonst. Vorgänge | − 426 | − 26 | − 40 | + 109 | + 12 | − 48 | − 135 | − 74 | − 1 | − 77 | + 63 | − 187 | − 830 |
| | Σ | − 466 | + 289 | − 343 | + 258 | − 94 | + 33 | − 163 | − 118 | + 80 | − 110 | + 190 | − 268 | − 712 |
| 1966 | inl. Einleger | + 24 | − 1 | − 10 | + 6 | − 3 | − 17 | − 3 | + 12 | + 9 | − 5 | − 15 | − 9 | − 12 |
| | schweb. Verr. | − 162 | + 187 | − 140 | + 58 | − 34 | + 112 | − 234 | − 17 | + 85 | − 155 | + 133 | − 97 | − 264 |
| | sonst. Vorgänge | − 479 | − 139 | − 43 | + 80 | + 138 | − 130 | − 40 | − 16 | − 114 | − 153 | + 43 | − 157 | − 1 010 |
| | Σ | − 617 | + 47 | − 193 | + 144 | + 101 | − 35 | − 277 | − 21 | − 20 | − 313 | + 161 | − 263 | − 1 286 |
| 1967 | inl. Einleger | + 35 | + 2 | − 7 | + 6 | − 3 | − 10 | + 5 | − 5 | − 22 | − 19 | − 0 | − 29 | − 47 |
| | schweb. Verr. | − 36 | + 219 | − 212 | + 84 | − 40 | + 4 | + 32 | − 140 | + 75 | − 9 | + 39 | + 391 | + 407 |
| | sonst. Vorgänge | + 257 | − 167 | + 97 | − 73 | + 98 | − 165 | − 113 | − 76 | − 63 | − 37 | − 19 | − 44 | − 305 |
| | Σ | + 256 | + 54 | − 122 | + 17 | + 55 | − 171 | − 76 | − 221 | − 10 | − 65 | + 20 | + 318 | + 55 |

Quelle: Monatsberichte der Deutschen Bundesbank.

dition von gleichgerichteten, zeitlich aufeinander folgenden Zu- oder Abflüssen ergibt Extremwerte von — 0,85 Mrd. DM (Dezember 1965 bis März 1966) sowie + 0,28 Mrd. DM (März 1964 bis Mai 1964). Die schwebenden Verrechnungen weisen hierzu manchmal einen gleichgerichteten, manchmal einen entgegengesetzten Verlauf auf, so daß sich die addierten Ausschläge verstärken oder kompensieren. Die Guthaben der sonstigen Nichtbanken spielen nur eine geringe Rolle und heben sich per Saldo fast auf — mit einer leicht steigenden Tendenz.

Die Summe der 3 Liquiditätsquellen zeigt, zu welchem Umfang diese relativ unbedeutenden marktmäßigen Bestimmungsfaktoren anwachsen können, wenn gleichgerichtete Ströme zusammentreffen. In dem Beobachtungszeitraum lassen sich keine typischen Verläufe feststellen. Wie bereits gezeigt wurde, bestehen für die Kreditpolitik keine Möglichkeiten, auf diese Faktoren insgesamt einzuwirken, um sie als aktive Bestandteile in das Konzept einer kontinuierlichen Liquiditätsversorgung einzubauen. Es kann nur versucht werden, die Veränderung der Liquiditätssalden, soweit sie nicht zufällig der gerade verfolgten Kreditpolitik entsprechen, über andere Liquiditätsquellen aufzufangen.

### 5. Die Zusammenfassung der Marktfaktoren

Bisher wurden die autonomen Quellen der Bankenliquidität im wesentlichen einzeln betrachtet. Da es aber durchaus denkbar ist, daß sich ihre Zu- und Abflüsse zum Teil kompensieren und damit die Bedeutung der Marktfaktoren für die Liquiditätsversorgung — trotz im einzelnen erheblicher Ausschläge — u. U. gar nicht so schwerwiegend zu sein braucht, werden in Tabelle V die Veränderungen der Liquiditätssalden einander insgesamt gegenübergestellt. Die Statistik zeigt aber, daß die Schwankungen bei teilweise erheblichen Kompensationen dennoch gravierend sind, zumal manchmal gleiche Vorzeichen zu starken Veränderungen der Liquiditätssalden geführt haben.

Die Gesamtkurve der akkumulierten Liquiditätsströme weist in den Jahren 1963 bis 1967 geringere Schwankungen als die Einzelkurven auf (vgl. Abb. 2). Deutlich erkennbar ist der auseinanderstrebende Verlauf der aufgelaufenen Liquiditätsverluste aufgrund des Bargeldumlaufs sowie der Zuflüsse aufgrund der Zahlungsbilanz. Alle Marktfaktoren verursachten bis zum Ende dieses Zeitraumes einen Liquiditätszufluß von 2,50 Mrd. DM. Die Extrempunkte lagen bei + 2,50 Mrd. DM (Dezember 1967) und — 3,84 Mrd. DM (März 1966). Damit wird die ganze Problematik der kontinuierlichen Liquiditätsversorgung deutlich, die durch die diskontinuierliche Entwicklung der Marktfaktoren immer wieder in Frage gestellt wird.

**Tabelle V: Marktfaktoren insgesamt**

(Veränderungen in Mill. DM)

| | I 1963 | II 1963 | III 1963 | IV 1963 | I 1964 | II 1964 | III 1964 | IV 1964 | I 1965 | II 1965 |
|---|---|---|---|---|---|---|---|---|---|---|
| Bargeldumlauf | + 1 031 | — 860 | — 467 | — 1 311 | + 1 065 | — 675 | — 589 | — 1 585 | + 520 | — 1 173 |
| Zahlungsbilanz | + 113 | + 1 187 | + 707 | + 789 | + 569 | — 178 | — 210 | + 225 | — 16 | — 1 012 |
| Kassentransakt. d. Öffentl. Hand | — 1 834 | — 42 | + 940 | + 2 360 | — 1 902 | + 17 | — 271 | + 2 468 | — 660 | + 920 |
| sonst. Faktoren | — 15 | + 77 | — 156 | — 77 | + 7 | + 68 | + 39 | — 210 | — 520 | + 197 |
| Marktfaktoren | — 705 | + 362 | + 1 024 | + 1 761 | — 261 | — 768 | — 1 031 | + 898 | — 676 | — 1 068 |

| | III 1965 | IV 1965 | I 1966 | II 1966 | III 1966 | IV 1966 | I 1967 | II 1967 | III 1967 | IV 1967 |
|---|---|---|---|---|---|---|---|---|---|---|
| Bargeldumlauf | + 7 | — 1 276 | + 974 | — 870 | — 494 | — 887 | + 1 377 | — 326 | — 382 | — 1 698 |
| Zahlungsbilanz | — 1 000 | + 777 | — 1 009 | + 149 | + 1 836 | + 1 806 | + 819 | + 711 | + 452 | + 1 337 |
| Kassentransakt. d. Öffentl. Hand | — 621 | + 1 602 | — 1 678 | + 784 | + 459 | + 1 002 | — 1 548 | — 415 | — 742 | + 3 434 |
| sonst. Faktoren | — 201 | — 188 | — 763 | + 210 | — 318 | — 415 | + 188 | — 99 | — 307 | + 273 |
| Marktfaktoren | — 1 815 | + 915 | — 2 476 | + 273 | + 1 483 | + 1 506 | + 836 | — 129 | — 979 | + 3 346 |

Quelle: Tabelle I—IV.

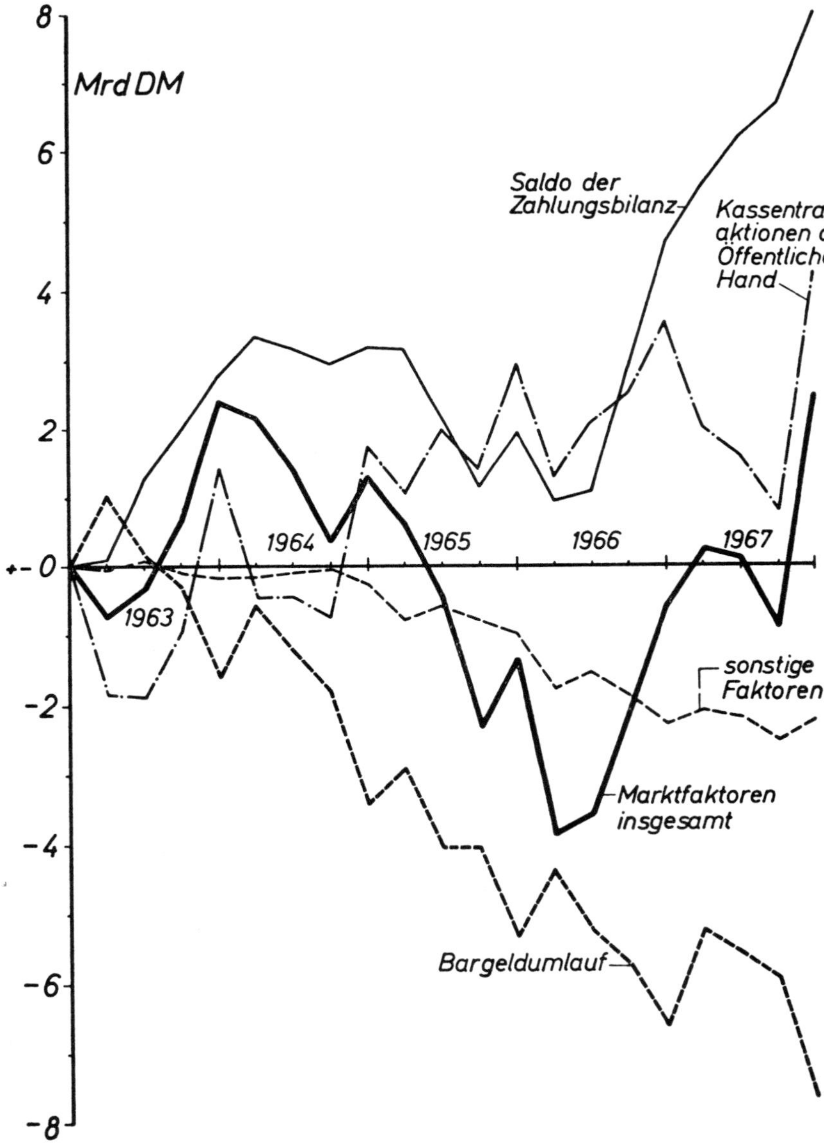
8
Mrd DM
6
4
2
+- 0
-2
-4
-6
-8
1963
1964
1965
1966
1967
Saldo der Zahlungsbilanz
Kassentransaktionen der Öffentlichen Hand
sonstige Faktoren
Marktfaktoren insgesamt
Bargeldumlauf

Abbildung 2

### 6. Exkurs: Die Multiplikatorwirkungen von Zentralbankgeldzu- und -abflüssen

Wie wichtig eine stetige, genau gesteuerte Alimentierung der Banken mit Zentralbankgeld ist, läßt sich aus den Multiplikatorwirkungen ersehen, die von Zentralbankgeldbewegungen ausgehen können, und an einem vereinfachten Beispiel dargestellt werden sollen. Unterstellt wird der Zufluß von 1 Geldeinheit (GE), die dem Bankensystem insgesamt zusätzlich zur Verfügung steht. Die Kreditinstitute können aufgrund der multiplen Giralgeldschöpfung ein Mehrfaches des Ausgangsbetrages in Form von Krediten an Nichtbanken gewähren. Beträgt der Reservesatz (r) einschließlich der Verluste an Zentralbankgeld $^1/_5$[62], so errechnet sich nach der Formel

(I) $$\Delta K = \frac{1}{r} L$$

$\Delta K$ = Zusätzliche Kreditgewährung
$L$ = Zentralbankgeldzufluß
$r$ = Reservesatz

gegenüber den Nichtbanken eine mögliche zusätzliche Kreditgewährung von 5 GE. Der Kreditrahmen hat sich durch den „Leverage Effect" verfünffacht — verglichen mit dem Ausgangsbetrag[63]. Damit ist aber die Multiplikatorwirkung noch nicht beendet.

Die Nichtbanken finanzieren ihr Zahlungsvolumen aus der vorhandenen Geldmenge und zusätzlichen Krediten. In welchem Umfang sie auf den Kredit als Restfinanzierung angewiesen sind, richtet sich nach der Höhe der angesammelten Zahlungsmittel, deren Verteilung zwischen den Wirtschaftssubjekten und dem abzuwickelnden Zahlungsvolumen. Kann das Zahlungsvolumen zu zwei Dritteln aus dem Bestand an Geld finanziert werden, so ist nur für das verbleibende Drittel eine Kreditaufnahme erforderlich.

Köhler hat das Verhältnis von kreditfinanzierten Zahlungen zu den Gesamtzahlungen als Kreditkoeffizienten bezeichnet:

(II) $$w = \frac{\Delta K}{Z}$$

$Z$ = Zahlungsvolumen
$\Delta K$ = Zusätzliche Kreditgewährung
$w$ = Kreditkoeffizient

---

[62] Alle die Giralgeldschöpfung bestimmenden Faktoren sollen in $r$ berücksichtigt werden (z. B. Verhältnis Barreserve/Einlagen, Notenumlauf/Einlagen und Markteinflüsse). Im übrigen vgl. *Schneider*, E.: Einführung in die Wirtschaftstheorie. III. Teil ..., S. 44 ff.; *Köhler*, Cl.: Der Geldkreislauf ..., S. 43 f. und 46 ff.

[63] Day wollte mit dem Begriff „Leverage Effect" (Hebelwirkung) die Multiplikatorwirkung von Offenmarktgeschäften mit Nichtbanken verdeutlichen. Und zwar geht er von einem Verkauf von Geldmarktpapieren an Nichtbanken durch die Notenbank aus. Er stellt dabei fest, daß sich das Einlagenvolumen der Nichtbanken bei einer angenommenen Barreserve der Banken von 10 % um den zehnfachen Betrag der verkauften Papiere vermindert. *Day*, A. C. L.: Outline of Monetary Economics ..., S. 141 f.; *Köhler*, Cl.: Der Geldkreislauf ..., S. 94 ff.

Durch Auflösung nach Z ergibt sich

(III) $$Z = \frac{1}{w} \Delta K$$ [64]

Die Multiplikatorwirkungen der ersten und zweiten Stufe lassen sich durch den Einsatz von (I) in (III) zu (IV) zusammenfassen:

(IV) $$Z = \frac{1}{r} \frac{1}{w} L$$

Als Resultat erhält man dann das Zahlungsvolumen, das mit Hilfe des ursprünglichen Zentralbankgeldzuflusses abgewickelt werden kann. Die Umlaufsgeschwindigkeit des Geldes wird dabei als konstant unterstellt.

Wird nun angenommen, daß zur Finanzierung des Zahlungsvolumens ein Drittel Kredit aufgenommen werden muß, so ergibt sich ein Kreditkoeffizient von

$$w = \frac{1}{3}$$

Der Umfang des Zahlungsvolumens läßt sich dann aus (IV) errechnen:

$$Z = \frac{1}{\frac{1}{5}} \frac{1}{\frac{1}{3}} = 15$$

Der Leverage Effect wird also auf der Banken- und der Nichtbankenstufe wirksam.

Vermindern sich Reservesatz und Kreditkoeffizient beispielsweise auf

$$r = \frac{1}{10} \text{ und } w = \frac{1}{10},$$

so errechnet sich für das Zahlungsvolumen Z ein Betrag von 100. Daraus wird deutlich, wie stark sich eine Veränderung von r und w im Zahlungsvolumen niederschlägt. r dürfte tatsächlich zwischen $^1/_{10}$ und $^2/_{10}$ liegen, während der Kreditkoeffizient etwa zwischen $^1/_{10}$ und $^3/_{10}$ pendelt. Denkbare Extrempunkte des Kreditkoeffizienten sind w = 1 bzw. w = 0. Bei w = 1 müssen die Nichtbanken in voller Höhe des von ihnen abzuwickelnden Zahlungsvolumens Kredit aufnehmen, da ihre Zahlungsmittelbestände gleich Null sind. Bei w = 0 brauchen sie keinen Kredit, da die liquiden Mittel ausreichen, um alle Zahlungen zu finanzieren. Beide Fälle — besonders w = 0 — kommen bei einzelnen Wirtschaftsunternehmen relativ häufig vor. Für die Gesamtwirtschaft gelten sie nicht, da einerseits ständig Zahlungsmittel vorhanden sind und andererseits die ungleichmäßige Einlagenverteilung dafür sorgt,

[64] *Köhler*, Cl.: Orientierungshilfen für die Kreditpolitik ..., S. 20.

daß bei einem positiven Gesamtsaldo Kredit beansprucht wird. Eine vollkommene Substitution von Zahlungsmitteln durch Kredit — und umgekehrt — ist daher nicht denkbar[65]. Der Kreditkoeffizient bewegt sich also zwischen Null und 1 ($0 < w < 1$). Die theoretisch mögliche Schwankungsbreite des Reservesatzes liegt ebenfalls zwischen 0 und 1. Die untere Grenze wird nie erreichbar sein, da erstens eine rein bargeldlose Wirtschaft kaum denkbar ist und zweitens keine Mindestreservepflicht bestehen darf. Das aber dürfte gerade für eine Verrechnungswirtschaft sehr unwahrscheinlich sein, weil bei einem Mindestreservesatz von 0 kein Zentralbankgeld mehr notwendig ist und Kreditpolitik nur über eine Kreditplafondierung betrieben werden könnte. Die obere Grenze dürfte grundsätzlich auch nicht erreicht werden, da sonst die Kreditschöpfung der Geschäftsbanken völlig unterbunden werden würde[66].

An Hand der Beispiele sollten die Auswirkungen der Zentralbankgeldströme auf das Zahlungsvolumen gezeigt werden. Aufgrund der doppelten Hebelwirkung erfahren sie eine derartige Verstärkung, daß bereits geringfügige Schwankungen zu erheblichen Ungleichgewichten in der Zahlungsmittelversorgung der Nichtbanken führen. Damit wird deutlich, wie wichtig die Verbesserung der Liquiditätsquellensteuerung ist, um ein den güterwirtschaftlichen Voraussetzungen entsprechendes Zahlungsvolumen zu gewährleisten.

## IV. Der Ausgleich der diskontinuierlichen Liquiditätsversorgung der Banken durch die kreditpolitisch bestimmten Liquiditätsquellen

Das Problem der diskontinuierlichen Liquiditätsversorgung läßt sich durch den Einfluß auf die Marktfaktoren nicht ausreichend lösen. Daher bedarf es des Einsatzes der kreditpolitisch bestimmten Liquiditätsquellen, um eine kontinuierliche Liquiditätsversorgung des Bankensystems zu verwirklichen. Das besondere Kennzeichen dieser Quellen besteht darin, daß die von ihnen ausgehenden Ströme der Richtung und dem Umfang nach durch die Notenbank weitgehend festgelegt werden können. Allerdings ist der Grad der Entscheidungsfreiheit bei den einzelnen Instrumenten nicht gleich. Die Autonomie der Zentralbank ist am größten bei der Steuerung der Refinanzierungskontingente, die allein nach kreditpolitischen Überlegungen bestimmt werden können. Dagegen ist

[65] *Köhler,* Cl.: Orientierungshilfen für die Kreditpolitik ..., S. 17 f.

[66] Veit weist aber darauf hin, daß in Ceylon und Indien eine Einlagenvermehrung mit einer Sonderreserve bis zu 100 % belegt werden kann. *Veit,* O.: Grundriß der Währungspolitik ..., S. 281.

die Notenbank bei den Offenmarktgeschäften mit Nichtbanken sowie bei der Einlagen/Schuldenpolitik auf die Mitwirkung anderer Partner angewiesen.

## 1. Die Refinanzierungskontingente

Die Möglichkeit, mit Hilfe von Kontingenten den Umfang der liquiden Mittel der Banken zu steuern, wird von Land zu Land unterschiedlich beurteilt, was hauptsächlich durch die historische Entwicklung bedingt ist. Es gibt Länder, in denen die Refinanzierung des Geschäftsbankensystems grundsätzlich abgelehnt und für unsolide angesehen wird, während andere eine anhaltende Verschuldung bei der Zentralbank als Normalfall betrachten[1]. Nur soweit eine dauernde Beanspruchung des Notenbankkredits möglich ist, kann ein Refinanzierungskontingent als Bestandteil der liquiden Mittel angesehen und Kontingentpolitik betrieben werden.

### *a) Der Ursprung der Refinanzierungsbegrenzung in der Currency- und Banking-Theorie*

Die quantitative Begrenzung der Zentralbankgeldmenge bildete seit Gründung der ersten Notenbanken die Voraussetzung für das Funktionieren eines manipulierten Währungssystems. Das Problem bestand darin, diese Begrenzung volkswirtschaftlich sinnvoll durchzuführen. Einerseits durfte die Geldversorgung keine inflatorischen Tendenzen auslösen, andererseits mußte dem legitimen Bedarf der Wirtschaft an ausreichenden Transaktionsmitteln Rechnung getragen werden. Die Beantwortung dieser Frage hat zu einem langjährigen Streit zwischen der sogenannten Currency-Schule und der Banking-Schule geführt. Ricardo hatte als Begründer der Currency-Schule alle Preissteigerungen auf die übermäßige Ausgabe von Banknoten bei gleichzeitiger Aufhebung der Noteneinlösungspflicht in Edelmetall zurückgeführt. Er glaubte, Preisbewegungen ließen sich nur über eine feste Bindung zwischen Noten und Edelmetall verhindern. Lediglich ein geringes Kontingent an ungedeckten Noten (Fiduciary Issue) wurde für ungefährlich gehalten. Im übrigen sollte sich der Notenumlauf streng nach den Metallzu- und -abflüssen gegenüber dem Ausland richten[2]. Dem standen die Banking-Theoretiker mit Tooke und Fullarton an der Spitze gegenüber, die die Notenausgabe elastisch dem jeweiligen Bedarf anpassen wollten. Sie

[1] Vgl. *Jaramillo,* R.: Central Bank Discount Rates. In: International Monetary Fund. Staff Papers. Vol. XIII (1966). S. 105 f.

[2] *Lotz,* W.: Geschichte und Kritik des Deutschen Bankgesetzes vom 14. März 1875. Leipzig 1888. S. 334.

sahen im kurzfristigen Handelswechsel ein ideales Instrument zur gleichsam automatischen Bestimmung dieses Bedarfs[3]. Die bei der Rediskontierung der Wechsel ausgegebenen Noten wurden bei Fälligkeit wieder zurückgezahlt und damit der Notenumlauf auf sein ursprüngliches Volumen reduziert, so daß für inflatorische Preisbewegungen kein Raum bleiben sollte[4]. Dabei war Voraussetzung, daß die Laufzeit des Wechsels nicht über die Dauer des Warenumschlages hinausging. Die Banking-Theorie sah zwar die Notwendigkeit einer flexiblen Anpassung der Geldversorgung an den Geldbedarf der Wirtschaftssubjekte, nur erfüllte der Handelswechsel als Instrument der Volumenssteuerung nicht die in ihn gesetzten Erwartungen[5]. Es besteht nämlich keine so enge Korrelation zwischen dem Volumen der Wirtschaftsumsätze und dem Wechselbestand, wie das von den Vertretern der Banking-Theorie unterstellt wurde[6], weil z. B. das Volumen der Wechsel in gewissen Grenzen durch die Geschäftsbanken gesteuert werden kann. Außerdem unterliegt der Kreditkoeffizient, der als das Verhältnis von kreditfinanzierten Zahlungen zu Gesamtzahlungen definiert wurde, ständigen Schwankungen. Darüber hinaus beruht die Annahme, daß eine Geldmengenregulierung über gute Handelswechsel preisneutral sein müsse, auf „der seit Adam Smith bekannten Unterteilung der Wirtschaft in einen Geschäfts- und einen Einkommensbereich". In diesem System „... nimmt bei den Banking-Theoretikern der Einkommensbereich die Stelle der allein Preise und Mengen bestimmenden Nachfrage ein ..., (während sich) die Umsätze innerhalb der Geschäftssphäre ... im wesentlichen preisneutral ..." verhalten[7]. Damit wird unterstellt, daß die Gelder der Geschäftssphäre erstens preisneutral sind und zweitens nicht in den Einkommensbereich überwechseln können. Beide Thesen sind aber nicht haltbar, denn „eine Kreditexpansion im Geschäftskreislauf, die zu einer Steigerung im Umfang der Erzeugung und dementsprechend ... der Beschäftigung führt, bedingt naturgemäß auch eine stei-

[3] Vgl. *Rist*, C.: Geschichte der Geld- und Kredittheorien von John Law bis heute. Bern 1947. S. 198 ff.; *v. Eynern*, G.: Die Reichsbank. Probleme des deutschen Zentralnoteninstituts in geschichtlicher Darstellung. Jena 1928. S. 7 ff.

[4] Vgl. die kritische Analyse bei *Kippenberger*, H.: Geldmenge und Umschlagshäufigkeit ..., S. 40 ff.; *Oberhauser*, A.: Probleme der Geldversorgung einer wachsenden Wirtschaft ..., S. 401.

[5] Vgl. *Burgess*, W. R.: The Reserve Banks and the Money Market. New York/London 1936. S. 46 f.

[6] „Die Bindung der Geldschöpfung an den Anfall von Handelswechseln (garantiert) weder eine ausreichende Geldschöpfung noch (sichert sie) gegen eine überdimensionierte Geldschöpfung." *Ehrlicher*, W.: Die außenwirtschaftliche Komponente der Geldversorgung ..., S. 596; ähnlich *Noll*, W.: Die Geldversorgung in einer wachsenden Wirtschaft ..., S. 360.

[7] *Kippenberger*, H.: Geldmenge und Umschlagshäufigkeit ..., S. 41.

gende Beanspruchung von Einkommensgeld mit entsprechenden Folgewirkungen auch auf die Preisgestaltung im Einkommenskreislauf"[8].

Neben dieser durch die qualitativen Anforderungen an das notenbankfähige Wechselmaterial gezogenen Grenze wurde das Refinanzierungsvolumen allein über den Zins reguliert. Soweit die Nachfrage bereit war, einen bestimmten Zinssatz zu zahlen, diskontierte die Notenbank praktisch alle angebotenen und den qualitativen Voraussetzungen entsprechenden Wechsel. Die Zinsreagibilität ist aber heute in weiten Bereichen der Wirtschaft verhältnismäßig gering, weil z. B. bei hohen Gewinnsteuern der Druck eines steigenden Zinssatzes nicht so stark empfunden wird[9]. Gerade im Konjunkturaufschwung können die Zinskosten verhältnismäßig leicht über den Preis abgewälzt werden[10]. Der Zins verliert dann seine Begrenzungsfunktion. — Außerdem haben die meisten Notenbanken eine Abneigung gegen stärkere Veränderungen des Diskontsatzes, weil außen- und binnenwirtschaftliche Ziele leicht kollidieren können. Durch eine Kontingentierung der Refinanzierung soll dies vermieden werden, indem trotz eines niedrigen Zinssatzes der Zentralbankkredit knapp gehalten wird. Die Einführung absoluter Grenzen für den Wechselrediskont bedeutet, daß das Kreditvolumen nicht mehr allein von der Nachfrageseite, sondern auch von der Angebotsseite bestimmt wird.

Es sind drei Arten von Kontingenten denkbar, die den Refinanzierungskredit begrenzen: Die Rediskontkontingente, die Lombardkontingente und die Kontingente im Zusammenhang mit Offenmarktgeschäften mit Kreditinstituten.

### *b) Die Rediskontkontingente*

#### α) Die Gestaltung der Rediskontkontingente

Die Rediskontkontingente werden für jedes Institut einzeln durch die Bundesbank festgelegt, und zwar richtet sich ihre Höhe grundsätzlich

[8] *Forstmann,* A.: Geld und Kredit ..., S. 606. Vgl. auch *Leemann,* E.: Geldversorgung und wirtschaftliches Wachstum ..., S. 70.

[9] *Rittershausen,* H.: Die Zentralnotenbank — Ein Handbuch ihrer Instrumente, ihrer Politik und ihrer Theorie. Frankfurt/M. 1962. S. 89: „Der Unternehmer und Zinsschuldner kann seine Zinszahlungen als Kosten auffassen ... Seine dem Staat geschuldete Einkommensteuer wird um so geringer, je stärker die Zinsausgaben steigen. Mit steigender Einkommensteuer-Rate empfindet er den Druck eines hohen Zinssatzes auf sein Unternehmen in geringerem Maße ... Kann der industrielle Schuldner entsprechend der Höhe seiner Besteuerung einen Zinssatz von 8 % zur Hälfte auf das Finanzamt überwälzen, so ist er für ihn in der Tat so niedrig, wie er nicht einmal im Jahre 1913 war." Ähnlich *Veit,* O.: Grundriß der Währungspolitik ..., S. 316 ff.

[10] *Ehrlicher,* W.: Die außenwirtschaftliche Komponente der Geldversorgung ..., S. 593.

nach den haftenden Mitteln[11]. Die Summe dieser Passiva wird mit einem Faktor multipliziert, der vom Zentralbankrat differenziert nach einzelnen Bankengruppen festgelegt wird. Das Ergebnis ist das sogenannte Norm-Kontingent. Das eigentliche „Rediskont-Kontingent eines Kreditinstitutes wird in Anlehnung an das Normkontingent individuell bemessen“[12].

Die haftenden Mittel als wesentliche Bemessungsgrundlage weisen deutlich auf das Gewicht hin, das die Notenbank auf eine Begrenzung ihres Geschäftsrisikos legt. Auch der Gesetzgeber hat diesen Gesichtspunkt besonders hervorgehoben, als er in den Katalog der notenbankfähigen Papiere nur solche von unzweifelhafter Bonität aufnahm[13]. Rittershausen hält dieses Streben nach Sicherheit für durchaus berechtigt, weil die Notenbank dem einzelnen Kreditinstitut als Geschäftsunternehmen gegenübertritt und mit Recht Verluste zu vermeiden sucht[14]. Das grundsätzliche Streben, möglichst sicher zu gehen, wird aber nicht konsequent durchgehalten, da die für alle Banken einheitlich berechneten haftenden Mittel über die nach Institutsgruppen differenzierten Multiplikatoren zu unterschiedlichen Kontingenten führen. Die eine Bankengruppe braucht also weniger haftende Mittel anzusammeln als eine andere, um eine gleichhohe Refinanzierungslinie zu erhalten.

Die Aufstellung von Rediskontkontingenten wird nicht ausdrücklich im Bundesbankgesetz erwähnt. Als gesetzliche Grundlage kann aber § 15 herangezogen werden. Danach bestimmt die Deutsche Bundesbank u. a. die Grundsätze für ihr Kreditgeschäft. Diese Formulierung macht deutlich, daß die Refinanzierungskontingente nicht als selbständige Mittel der Kreditpolitik gedacht waren, sondern eher als Teil der sogenannten „beigeordneten Instrumente“[15] angesehen wurden, die nur ergänzende Funktionen übernehmen sollten. Ähnlich betrachtet die Europäische Wirtschaftsgemeinschaft die Rediskontkontingente lediglich als ein Mittel, „um die durch die Mindestreservepolitik und die Offenmarktpolitik der Zentralbank auf die Bankenliquidität ausgeübte Kontrolle zu verstärken“[16]. Von der Liquiditätswirkung her steht aber gerade umgekehrt die Kontingentpolitik im Vordergrund, weil sie den Umfang der liquiden Mittel bestimmt, während Mindestreserven und Offen-

---

[11] Eigene Mittel gemäß § 10 KWG plus Sammelwertberichtigungen.

[12] Geschäftsbericht der Deutschen Bundesbank für das Jahr 1966. S. 109; vgl. auch Europäische Wirtschaftsgemeinschaft: Die währungspolitischen Instrumentarien ..., S. 70 f.

[13] Vgl. § 19 Abs. 1, Ziffer 1., 2. und 3. BBankG.

[14] *Rittershausen,* H.: Die Zentralnotenbank ..., S. 95.

[15] Vgl. Bank für Internationalen Zahlungsausgleich. 27. Jahresbericht (1957) S. 15.

[16] Europäische Wirtschaftsgemeinschaft: Die währungspolitischen Instrumentarien ..., S. 36.

marktgeschäfte mit Banken nur die Verwendung bereits vorhandener liquider Mittel beeinflussen können.

Die Höhe des offenen Kontingents einer Bank ergibt sich als Differenz aus den rediskontierten aber noch nicht eingelösten Wechseln und Auslandsschecks sowie dem Gesamtkontingent[17]. Auf die Kontingente wird die Rediskontierung bestimmter Wechselarten nicht angerechnet, so daß sich dadurch der Kontingentrahmen aller Kreditinstitute erhöht. Hierzu gehören Privatdiskonten mit einer Restlaufzeit von 29 Tagen, soweit sie den Geldmarkt passiert haben. Außerdem besteht ein indirektes Rediskontkontingent über die Privatdiskont AG, das erstmals im Mai 1966 mit 1 Mrd. DM festgelegt[18] und seit Anfang 1967 auf 1,5 Mrd. DM erhöht wurde. Vorher konnte jeder Betrag über die Privatdiskont AG an die Bundesbank weitergegeben werden, soweit das Material nicht vom Markt aufgenommen wurde. Die Limitierung sollte „einer (indirekten) Ausweitung der Rediskontkontingente entgegenwirken"[19], um die damals betriebene restriktive Kreditpolitik nicht zu gefährden.

Ähnlich wie die Privatdiskonten erfahren auch die Solawechsel deutscher Exporteure eine Sonderbehandlung, soweit sie im Rahmen des Plafonds B der AKA Ausfuhrkredit-Gesellschaft mbH. begeben werden[20]. Die Rediskontlinie beläuft sich nach zahlreichen Variationen seit Januar 1968 auf 2,5 Mrd. DM[21]. Eine Sonderrediskontlinie stellt auch der Plafond der Gesellschaft für Anlagenfinanzierung mbH. dar, der für Solawechsel aus dem Interzonenhandel in Höhe von 150 Mio. DM gebildet wurde[22]. Schließlich rechnet die Bundesbank Schatzwechsel, die im Rahmen der Kassenkreditplafonds der Öffentlichen Hand begeben werden und deren Ankauf die Bundesbank zugesagt hat, nicht auf das Rediskontkontingent der Geschäftsbanken an. Allerdings wird von dieser Möglichkeit kaum Gebrauch gemacht, da die Schatzwechsel auch in die Geldmarktregulierung einbezogen sind und die Rücknahmesätze in der Regel unter dem Diskontsatz liegen. Die Kreditinstitute dürfen ihre Rediskontkontingente nicht überschreiten. Die jeweilige Höhe wird ihnen auf Anfrage mitgeteilt[23]. Die Bundesbank veröffentlicht aber keine zahlenmäßigen Angaben über das Gesamtkontingent.

---

[17] Geschäftsbericht der Deutschen Bundesbank für das Jahr 1966. S. 109.

[18] Vgl. „Kontingente auch für Privatdiskonten". In: HB vom 3. 5. 1966.

[19] Monatsberichte der Deutschen Bundesbank. Mai 1966. S. 3.

[20] Vgl. AKA Ausfuhrkredit-Gesellschaft mbH. Kreditrichtlinien. Stand vom 1. Juli 1966.

[21] „Höherer A-Plafonds." In: Industriekurier v. 1. 2. 1968.

[22] „Einig über ‚AKA' für Interzonenhandel." In: HB v. 17. 4. 1967. „Zonenschulden stiegen nochmals." In: HB vom 9. 1. 1968.

[23] Europäische Wirtschaftsgemeinschaft. Die währungspolitischen Instrumentarien . . ., S. 71.

### β) Die Rediskontkontingentpolitik der Bundesbank

In der Bundesrepublik wird die Verschuldung des Bankensystems bei der Notenbank als durchaus legitim angesehen und sogar gefördert, da diese Kreditaufnahme ein wirksamer Ansatzpunkt für die Kreditpolitik darstellt[24]. Wie aus dem Notenbankausweis zu ersehen ist, wird der Wechselkredit ständig in Anspruch genommen, wenn auch in stark schwankendem Umfang. Die Zentralbank kann also als reguläre Liquiditätsquelle aufgefaßt werden, so daß es gerechtfertigt ist, das offene Kontingent selber zu den liquiden Mitteln der Banken zu zählen. Die Bundesbank hat ihre Kontingentpolitik jedoch nicht allein unter Liquiditätsgesichtspunkten betrieben, sondern auch häufiger den ordnungspolitischen Charakter dieses Instruments betont[25]. Darunter ist die Absicht zu verstehen, durch steigende Anforderungen an die haftenden Mittel in bezug auf die Kontingentbemessung die Verbreiterung der Eigenkapitalbasis des Bankensystems zu fördern.

Anlaß zur Einführung einer absoluten Refinanzierungsgrenze bildete die Kreditausweitung im Zusammenhang mit der Koreakrise. Die Bank deutscher Länder stellte im Oktober 1951 zunächst ein Finanzierungskontingent auf[26], da es ihr nicht gelang, über die qualitative Kreditselektion und die Beeinflussung der Rentabilität durch eine Variation des Zinssatzes den Rückgriff der Geschäftsbanken auf die Kreditfazilitäten genügend unter Kontrolle zu halten. Alle drei Maßnahmen — die qualitativen Anforderungen an die Kreditunterlagen, die Höhe der Diskontsätze und die Kontingentierung — zielen letztlich auf eine Begrenzung des Notenbankkredits ab, nur sind die ersten beiden Instrumente flexibler und überlassen dem Markt die Anpassung, während ein Finanzierungskontingent eine im wesentlichen starre Begrenzung der liquiden Mittel darstellt[27]. Das zunächst aufgestellte Refinanzierungskontingent umfaßte den Wechsel- und Lombardkredit[28]. Bereits im Mai 1952 wurde dann das Rediskontkontingent eingeführt und der Lombardkredit aus seiner Begrenzung entlassen. Das Kreditlimit hatte zwei Bezugsgrößen: Der maximale Rahmen wurde durch die haftenden Mittel gebildet, während sich eine enger gezogene Grenze nach den Debitoren richtete. Da diese meistens erheblich unter der obersten Linie lag,

[24] *Oberhauser*, A.: Probleme der Geldversorgung einer wachsenden Wirtschaft ..., S. 402.

[25] *Irmler*, H.: Gegenwartsfragen der Kredit- und Währungspolitik. Vortrag v. 18. 2. 1966 in Lübeck. Abgedruckt in: Deutsche Bundesbank. Auszüge aus Presseartikeln v. 23. 2. 1966. S. 3; „Neuer Warnschuß der Bundesbank". In: HB v. 7. 2. 1966.

[26] *v. Spindler*, J., W. *Becker* und O.-E. *Starke*: Die Deutsche Bundesbank ..., S. 63.

[27] Vgl. *Gleske*, L.: Die Liquidität in der Kreditwirtschaft ..., S. 84 und 86 ff.

[28] Geschäftsbericht der Bank deutscher Länder für das Jahr 1951. S. 77.

wuchs das Rediskontkontingent mit der Ausdehnung der kurzfristigen Kredite automatisch an. So unterliefen gerade die kreditaktiven Institute die beabsichtigte Einschränkung, indem sie mehr Kredite gewährten und dadurch ihr Kontingent ausdehnen konnten[29]. Diese Unzulänglichkeiten veranlaßten die Notenbank 1955, die haftenden Mittel als einzige Bemessungsgrundlage zu wählen und gleichzeitig diesen bisherigen äußeren Rahmen enger zu ziehen.

Die Notenbank löste mit der Bindung des Kontingentumfangs an die haftenden Mittel die Verteilung des Gesamtkontingents auf die einzelnen Institute. Grundsätzlich läßt sich dies entweder in Form eines absoluten oder relativen Kontingents durchführen. Bei einem absoluten Kontingent wird häufig das Kreditvolumen an einem oder mehreren Stichtagen als Berechnungsgrundlage gewählt. Diese Methode kann aber die besondere Entwicklung bei einzelnen Instituten und Institutsgruppen nicht berücksichtigen und tendiert wegen der deshalb notwendigen Ausnahmen leicht zur Durchlöcherung des Kontingentprinzips. Dagegen knüpfen relative Refinanzierungskontingente „an bestimmten Bilanzpositionen der Geschäftsbanken an, mit deren Veränderungen auch die Refinanzierungslinien bei der Zentralbank schwanken“[30] und so größere Flexibilität gewährleisten. Dies gilt auch für die haftenden Mittel als Bemessungsgrundlage.

Das Gesamtkontingent ergibt sich aus der Addition aller Einzelkontingente. Diese wachsen grundsätzlich mit den haftenden Mitteln. Die Notenbank kann die Zunahme jederzeit entsprechend ihren kreditpolitischen Zielen durch eine Änderung der Multiplikatoren verstärken, kompensieren oder überkompensieren. Die Bundesbank hat hiervon mehrfach Gebrauch gemacht. So wurden die Normkontingente im Mai 1957 um 15 % linear gekürzt, um die Liquidisierung des Bankensystems über die damaligen hohen Zahlungsbilanzüberschüsse teilweise aufzufangen. Außerdem ermäßigten sich die Rediskontkontingente um die von den Banken im Ausland aufgenommenen Kredite[31]. Als im Spätsommer 1959 erneut die konjunkturellen Auftriebskräfte gebremst werden sollten, regelte der Zentralbankrat durch Beschluß vom 20./21. August 1959 die Berechnung der Normkontingente neu, was auf eine durchschnittliche Kürzung um 19 % hinauslief und absolut eine Liquiditätseinbuße von etwa 2 Mrd. DM ausmachte. Am 1. März 1960 folgte eine weitere Kürzung, die besonders die größeren Geschäftsbanken traf, und zwar wurden alle Kontingente bis zu einem Sockelbetrag von 5 Mio. DM um 10 %, das darüber hinausgehende Volumen um 30 %

[29] *v. Spindler,* J., W. *Becker* und O.-E. *Starke:* Die Deutsche Bundesbank ..., S. 63.

[30] *Gleske,* L.: Die Liquidität in der Kreditwirtschaft ..., S. 88 f.

[31] Geschäftsbericht der Deutschen Bundesbank für das Jahr 1957. S. 61.

vermindert[32]. Wenige Monate später hob die Bundesbank die obigen Kürzungssätze sogar auf 15 bzw. 40 % an[33]. Aber bereits im folgenden Jahr machte sie diese Maßnahmen wegen der allgemeinen Änderung der Kreditpolitik in zwei Schritten wieder rückgängig, so daß mit Wirkung vom 1. November 1961 der Stand von November 1959 wieder erreicht wurde[34]. Die 1964 einsetzende neue Restriktionsphase regte die Geschäftsbanken wiederum zur Kreditaufnahme im Ausland an. Um den Kreditinstituten diesen Weg zu versperren, wurden seit September 1964 die Rediskontkontingente um den Zuwachsbetrag der im Ausland aufgenommenen Kredite gekürzt, und zwar bezogen auf die Referenzperiode vom 31. Januar bis 30. Juni 1964[35]. 1965 berechnete die Notenbank die Kontingente wieder neu, was insgesamt zu einer Kürzung von 2,6 Mrd. DM führte. Die Bundesbank begründete diesen Schritt nicht mit kreditpolitischen, sondern mit den schon erwähnten ordnungspolitischen Überlegungen, obwohl restriktive Maßnahmen durchaus in das gerade verfolgte kreditpolitische Konzept paßten. Um aber den Banken die Anpassung zu erleichtern, wurde die Kürzung in zwei Schritten vollzogen (Oktober 1965 und Mai 1966)[36].

Die vorläufig letzte Maßnahme im Rahmen der Rediskontkontingentpolitik war die Beseitigung der Anrechnung von im Ausland aufgenommenen Bankkrediten auf das Kontingent.

Wie groß das Rediskontkontingent des gesamten Bankensystems und damit die bisherige Bedeutung dieser Liquiditätsquelle ist, läßt sich nicht genau ermitteln, da die Bundesbank keine absoluten Zahlen veröffentlicht. Eine überschlägliche Schätzung für Juli 1967 ergibt einen Betrag von etwa 18 Mrd. DM. Bei dieser Berechnung wurde die graphische Darstellung der „Entwicklung der freien Liquiditätsreserven der Kreditinstitute“ zugrunde gelegt[37]. Danach betrugen die unausgenutzten Rediskontkontingente etwa 12,8 Mrd. DM. Erhöht man diesen Betrag um den Bestand der Inlandswechsel bei der Bundesbank (Ende Juli 1967 3,93 Mrd. DM) und um die Position Sorten, Auslandswechsel und -schecks (1,76 Mrd. DM), so ergibt sich ein Gesamtkontingent von 18,53 Mrd. DM. In dieser Rechnung sind allerdings zwei Unsicherheitsfaktoren enthalten, die sich nicht eleminieren lassen. Der Inlandswech-

---

[32] Monatsberichte der Deutschen Bundesbank. Februar 1960. S. 3 f.

[33] Monatsberichte der Deutschen Bundesbank. Juni 1960. S. 3 und S. 6.

[34] Geschäftsbericht der Deutschen Bundesbank für das Jahr 1961. S. 84.

[35] Geschäftsbericht der Deutschen Bundesbank für das Jahr 1964. S. 16.

[36] Vgl. Monatsberichte der Deutschen Bundesbank. Mai 1965. S. 7; Geschäftsbericht der Deutschen Bundesbank für das Jahr 1965. S. 51 und S. 116 f.

[37] Monatsberichte der Deutschen Bundesbank. August 1967. S. 11.

selbestand umfaßt auch die bereits erwähnten Sonderwechsel, die nicht auf das Kontingent angerechnet werden. Das gleiche gilt für den Sortenbestand. Die Rechnung muß um beide Beträge bereinigt werden. Die Sonderwechsel dürften jedoch im Juli 1967 keine große Rolle gespielt haben, da die Privatdiskont AG. im Regelfall das angebotene Wechselmaterial überwiegend am Geldmarkt wieder verkaufen konnte und nur in Ausnahmesituationen auf eine umfangreiche Refinanzierungshilfe der Bundesbank angewiesen war[38]. Der Anteil der Sorten an der Gesamtposition dürfte ebenfalls relativ gering sein, da ausländische Zahlungsmittel im wesentlichen allein für den Reiseverkehr benötigt werden und die Versorgung weitgehend von den Geschäftsbanken übernommen wird[39]. Wenn beide Faktoren mit 0,5 Mrd. DM angesetzt werden, so ergibt sich ein geschätztes Rediskontkontingent von etwa 18 Mrd. DM.

### γ) Die Rediskontkontingentpolitik in England und den USA

In England und den Vereinigten Staaten wird der Notenbankkredit nicht als reguläre Liquiditätsquelle angesehen. Vielmehr hat die Zentralbank in beiden Ländern ausschließlich die Funktion eines „Lender of Last Resort“[40]. Die Bank von England hält den Diskontsatz immer so hoch, daß er nie von den Geldmarktsätzen überschritten wird. Außerdem müssen die zum Diskont eingereichten Wechsel eine durchschnittliche Restlaufzeit von 21 Tagen haben. Daher ist es für die Banken vorteilhafter, sich am Geldmarkt das benötigte Zentralbankgeld zu beschaffen[41]. Nur im Notfall nimmt das Bankensystem bei der Zentralbank Kredit auf. Außerdem kann die Bank von England für Refinanzierungskredite einen über der Bankrate liegenden Satz berechnen, wodurch sich die restriktive Wirkung noch verschärfen läßt[42]. Daher bestehen in Großbritannien keine Rediskontkontingente. Die Notenbank entspricht grundsätzlich jedem Refinanzierungsantrag der Kreditinstitute, sie kontrahiert allerdings nur mit den 11 Diskonthäusern der London Discount Market Association[43]. Diese Institute sind aber aus Zinsgründen sehr darauf bedacht, den Zentralbankkredit nicht in Anspruch zu nehmen, und wenn sie durch die Marktlage doch dazu gezwungen

---

[38] Vgl. „Der Markt blieb keine Einbahnstraße“. In: HB v. 30. 6./1. 7. 1967. „Extreme Geldfülle hält an.“ In: HB v. 21./22. 7. 1967.

[39] Am 31. 12. 1966 belief sich der Sortenbestand auf nur 5,3 Mio. DM. Geschäftsbericht der Deutschen Bundesbank für das Jahr 1966. S. 122.

[40] Vgl. *Jaramillo,* R.: Central Bank Discount Rates ..., S. 105; *Hawtrey,* R. G.: The Art of Central Banking. 2. ed. Liverpool/London 1962. S. 279.

[41] *Day,* A. C. L.: Outline of Monetary Economics ..., S. 148 f.

[42] „The London discount market: some historical notes.“ In: Bank of England. Quarterly Bulletin. Vol. 7. June 1967. S. 153. Die Bank hat nur im März 1963 von dieser Möglichkeit Gebrauch gemacht.

[43] Vgl. Radcliffe-Report ..., S. 120; „The London discount market: some historical notes“ ..., S. 145 f.

werden, die Verschuldung möglichst schnell wieder abzubauen[44]. Der Diskontsatz hat hier die Funktion eines Strafsatzes.

In den USA steuert das Zentralbanksystem ihren Wechselkredit nicht mehr ausschließlich über den Preis wie in England. Zwar liegt auch hier der Diskontsatz[45] regelmäßig über den Geldmarktsätzen; hinzu kommt aber die traditionelle Überzeugung, daß es als unsolide gilt, Kredite bei der Notenbank aufzunehmen, um die Debitoren damit zu finanzieren. Nach offizieller Darstellung des Federal Reserve Systems wird Kredit ... „generally extended on a short-term basis to a member bank in order to enable it to adjust its asset position when necessary because of developments such as a sudden withdrawal of deposits or seasonal requirements for credit beyond those which can reasonably be met by use of the bank's own recources“[46]. Es besteht kein Kontingent[47] und die Notenbank verweigert selten die Refinanzierungshilfe. Aber da bei umfangreicheren Kreditaufnahmen die jeweilige Bank sehr genau untersucht und ein spürbarer Druck auf die Geschäftsführung ausgeübt wird, ist der Kreditrahmen effektiv sehr eng begrenzt[48].

Die unterschiedliche Einstellung zum Refinanzierungskredit in den USA und Deutschland wird z. B. besonders deutlich bei der Kennzeichnung der freien Liquiditätsreserven. In Deutschland setzen sich diese aus kurzfristigen Auslandsanlagen, Geldmarkttiteln und unausgenutzten Rediskontkontingenten zusammen. Dagegen zählt zu den „Free Reserves“ der amerikanischen Banken lediglich Zentralbankgeld — einschließlich Kassenbestand — vermindert um die Mindestreserveanforderungen und die Verschuldung bei der Notenbank, ohne Offenmarktpapiere und Auslandsanlagen. Daher können diese freien Reserven negativ werden, wenn der Bestand an Zentralbankgeld geringer ist als die Notenbankverschuldung[49].

---

[44] „... Borrowing from the central bank is expensive, and banks perform that operation only when all other sources are unable to provide the market with liquidity.“ *Jaramillo,* R.: Central Bank Discount Rates ..., S. 105.

[45] Genau genommen kann es mehrere Diskontsätze geben, weil jede der 12 Reserve Banken den Satz für ihren Bereich selbst bestimmt. Daher ergeben sich „sometimes ... disparities for a few days or weeks when one or two of the Reserve banks have put changes into effect, and the others delay for a short time before falling into line“. *Kent,* R. P.: Money and Banking ..., S. 432; *Goldenweiser,* E. A.: American Monetary Policy. New York/Toronto/London 1951. S. 83 f.

[46] *Chandler,* L. V.: The Economics of Money and Banking ..., S. 234.

[47] In jüngster Zeit sind Pläne des Federal Reserve Board bekanntgegeben worden, nach denen die Einführung von Rediskontlimiten vorgesehen ist, um der Diskontpolitik ein größeres Gewicht zu verleihen. „Mehr Gewicht für US-Diskontpolitik.“ In: HB v. 29. Juli 1968; „Kurswechsel des Federal Reserve Board?“ In: Neue Zürcher Zeitung v. 25. Juli 1968.

[48] *Kent,* R. P.: Money and Banking ..., S. 426 f.

[49] Vgl. im übrigen *Cochran,* J. A.: Money, Banking, and the Economy. New York/London 1967. S. 110 ff.; *Dürr,* E.: Wirkungsanalyse der monetären Kon-

### c) *Die Lombardkontingente*

Als weitere Liquiditätsquelle soll das Lombardkontingent behandelt werden. Veit leitet die volkswirtschaftliche Begründung für diesen Zentralbankkredit ebenfalls aus der Banking-Theorie ab: „Die Beleihung der Waren überbrückt den Zeitraum zwischen Produktion und Verbrauch, soweit die Waren irgendwo eingelagert sind. Der Lombardkredit hatte die Aufgabe, die Beschaffung von Geld zu erleichtern, wenn eine Wechselziehung nicht möglich war, weil der Empfänger der Waren noch nicht feststand[50].“ Aus dem Warenlombard ist u. a. aus verfahrenstechnischen Gründen im Laufe der Zeit ein reines Effektenlombard geworden. Zwar verbriefen Wertpapiere in irgendeiner Form einen Anspruch auf den Gütervorrat einer Volkswirtschaft, doch hat sich diese Kreditform, mit Ausnahme des Wechsellombards, von der Güterumschlagsbasis praktisch vollkommen gelöst[51].

In § 19 Abs. 1, Ziffer 3 BBankG werden die beleihbaren Aktiva aufgezählt — gute Handelswechsel, Schatzwechsel, unverzinsliche Schatzanweisungen, Bundes- und Länderanleihen, eingetragene Ausgleichsforderungen sowie von der Bundesbank zu bestimmende festverzinsliche Papiere — und die Beleihungsgrenzen festgelegt. Danach steht ähnlich wie bei den Wechseln die Beschränkung des Verwertungsrisikos im Vordergrund der gesetzlichen Regelung. Allerdings verfügt die Bundesbank über einen weiten Ermessensspielraum, da sie praktisch jede festverzinsliche Schuldverschreibung als lombardfähig bezeichnen kann. Innerhalb dieser Grenzen *darf* die Notenbank Lombardkredite gewähren, ist aber nicht dazu verpflichtet, auch wenn ihr zentralbankfähige Papiere vorgelegt werden[52].

#### α) Die Gestaltung der Lombardkontingente

Die Bank deutscher Länder und heute die Bundesbank haben keine festen Kontingente für die Aufnahme von Lombardkrediten festgesetzt, abgesehen von der kurzen Periode 1951/52, als Wechsel- und Lombardkredite zusammen durch das Refinanzierungskontingent begrenzt wurden. Das Lombardkontingent wird in dem Augenblick eingeräumt, in

---

junkturpolitik. Frankfurt/M. 1966. S. 309; *Veit*, O. u. a.: Die veränderte Währungspolitik und ihre Folgen ..., S. 87 f. Monatsberichte der Deutschen Bundesbank. April 1965. S. 30.

[50] *Veit*, O.: Grundriß der Währungspolitik ..., S. 237.

[51] *Veit*, O.: Grundriß der Währungspolitik ..., S. 237.

[52] „Die Aufnahme eines Wertpapieres in das Lombardverzeichnis verpflichtet die Bundesbank nicht zur Gewährung von Lombardkrediten und beschränkt nicht ihr Recht, die vom Kreditnehmer zu stellende Deckung zu bestimmen.“ Lombardverzeichnis der Deutschen Bundesbank. Abgedruckt bei *Beck*, H.: Gesetz über die Deutsche Bundesbank v. 20. Juli 1957 — Kommentar —. Mainz-Gonsenheim/Düsseldorf 1959. S. 571.

dem einem beantragten Kredit entsprochen wird. Es handelt sich also um ein ad hoc-Kontingent[53]. Es kann nicht über den Bestand an lombardfähigen Wertpapieren steigen. Dieser Rahmen ist allerdings nicht konstant. Er erhöht oder vermindert sich, je nachdem welchen Effekten neben den im Gesetz aufgezählten Pfändern die Lombardfähigkeit zuerkannt bzw. entzogen wird. Der mögliche Umfang der Lombardkredite, die zu gewähren die Notenbank bestenfalls bereit wäre, kann aber erheblich unter der vom Bestand der Papiere gezogenen Grenze liegen, weil die Bundesbank die Einräumung eines Lombardkredits u. a. von der allgemeinen kreditpolitischen Lage abhängig macht[54].

Die Bundesbank hat die Nichtberechnung von Kontingenten damit begründet, daß sie den Charakter der Lombardkredite nicht verfälschen wolle[55]. Dahinter mag die Überlegung stehen, daß die Einführung von Kontingenten von den Geschäftsbanken als „Anrecht" auf Lombardkredit angesehen werden könnte. Andererseits dürften bei Liquiditätskrisen einzelner Institute klar umrissene Kontingentsvorstellungen bestehen, die unter Umständen einen weiteren Rahmen haben, als aus der sonst geübten Zurückhaltung der Bundesbank bei der Einräumung von Lombardkrediten abgeleitet werden könnte. In diese Richtung weist auch § 24 BBankG, der zur Aufrechterhaltung der Zahlungsbereitschaft die Bedingungen für die Beleihung und den Ankauf von Ausgleichsforderungen sehr viel flexibler gestaltet als § 19 Abs. 1, Ziffer 3[56].

### β) Die Lombardkontingentpolitik der Bundesbank

Der Lombardkredit hat in Deutschland einen Doppelcharakter. Einerseits dient diese Kreditart der Überbrückung eines kurzfristigen Geldbedarfs, der sich aus den Zufallsschwankungen zwischen den Ein- und Auszahlungsströmen ergibt. Zu diesem Zweck wurde die besondere Form des Giroüberzugslombards eingeführt, um Debetsalden aus dem Verrechnungsverkehr der Kreditinstitute mit der Notenbank auszugleichen, ohne daß dazu ein Einzelauftrag des Girokontoinhabers notwendig ist[57]. Hier dient der Lombardkredit der Abdeckung eines mehr oder minder technisch bedingten Liquiditätsbedarfes, der in der Regel auf wenige Tage beschränkt bleibt und dem kreditpolitisch kaum Bedeutung zuzumessen ist.

---

[53] Vgl. *Köhler*, Cl.: Orientierungshilfen für die Kreditpolitik ..., S. 34.

[54] Geschäftsbericht der Deutschen Bundesbank für das Jahr 1966. S. 108.

[55] „Keine Rationierung der Lombard-Kredite." In: FAZ v. 26. 5. 1966.

[56] Vgl. *v. Spindler*, J., W. *Becker* und O.-E. *Starke*: Die Deutsche Bundesbank ..., S. 238 f.

[57] Allgemeine Geschäftsbedingungen der Deutschen Bundesbank. Teil IV. Lombardverkehr Nr. 13.

Ähnlich verhält es sich mit dem Lombardkredit, der als Ergänzung zum Wechselkredit aufgenommen wird, soweit er durch Kostenüberlegungen bestimmt wird: Obwohl der Lombardsatz in Deutschland bisher ständig über dem Diskontsatz lag, kann es vorteilhafter sein, diesen Kredit in Anspruch zu nehmen — trotz nicht ausgenutzter Rediskontkontingente. Das gilt besonders für einen nur wenige Tage anhaltenden Zentralbankgeldbedarf, weil die mit der Diskontierung von Wechseln verbundenen Arbeiten entfallen, u. U. kein ausreichendes kurzfristiges Wechselmaterial vorhanden ist und außerdem beim Rediskont im Gegensatz zum Lombardkredit Mindestzinstage berechnet werden[58]. Der Lombardkredit ist hier die rationellste Form der Kreditaufnahme, zumal die Geschäftsbanken bei der Zentralbank regelmäßig größere Pfanddepots unterhalten, so daß zum Zeitpunkt des Kreditantrages keine Sicherheiten mehr hinterlegt werden müssen.

Ganz anders ist die Situation, wenn Kreditinstitute auf den Lombardkredit ausweichen müssen, weil ihr Rediskontkontingent erschöpft ist. In diesem Fall ist der Lombardkredit ein Zeichen für eine beengte Liquidität. Daher haftet dieser Kreditart auch der Makel eines „Notkredits" an und wird bei einem Erscheinen in der Bankbilanz als Zeichen der Schwäche gewertet. Die Notenbank hat diese Einstellung durch die zinsmäßige Schlechterstellung des Lombardkredits gefördert und auch von der Befristung her ungünstiger ausgestattet. Die nach dem Gesetz mögliche maximale Laufzeit von drei Monaten darf von den Banken nicht ausgenutzt werden. Vielmehr muß der Kredit wenigstens innerhalb von 30 Tagen einmal zurückgeführt werden, um die Kurzfristigkeit des Liquiditätsbedürfnisses unter Beweis zu stellen[59]. Die Bundesbank hat in den letzten Jahren zwei vorsichtige Schritte unternommen, um den Lombardkredit währungspolitisch zu aktivieren. (1) So wurde in der Zeit vom 10. Dezember bis 31. Dezember 1964 auf Lombarddarlehen eine Vergütung von $^3/_4$ % p. a. gewährt, so daß sich der „Strafsatz" gegenüber dem Wechselrediskont auf $^1/_4$ % ermäßigte. Zwar sollte diese Maßnahme die Repatriierung von Auslandsanlagen durch die Kreditinstitute zum Jahresende (Window-Dressing) dämpfen. Sie muß aber wohl auch als Versuch gewertet werden, die Einsatzfähigkeit dieses Instruments zu prüfen. Trotz der psychologisch bedingten Zurückhaltung der Geschäftsbanken stieg das Lombardkreditvolumen laut Bundesbankausweis vom 23. 12. 1964 auf 1,626 Mio. DM an, während in den anderen Monaten der Höchstbetrag bei 521 Mio. DM lag. Als im folgenden Jahr die Vergünstigung nicht gewährt wurde, machten am 23. 12. die Lombardkredite nur 743 Mio. DM aus.

---

[58] Allgemeine Geschäftsbedingungen der Deutschen Bundesbank. Teil V. Ankauf von Inlandswechseln. Nr. 16.

[59] „Ein ‚Markt' für Kassenobligationen." In: ZKW. 20. Jahrg. (1967). S. 854.

(2) Die Notenbank senkte am 11. August 1967 den Lombardsatz von 4 % auf 3½ %, ohne die sonst übliche parallele Veränderung des Diskontsatzes. Dieser Schritt sollte „zu einer besseren Überwindung temporärer Anspannungen am Geldmarkt, die vor allem mit den vierteljährlichen ‚großen' Steuerterminen verbunden sind, beitragen"[60], ohne jedoch die Kurzfristigkeit dieser Kreditart zu ändern. Auch dieser Vorgang deutet auf das Bemühen hin, den Lombardkredit von psychologischen Vorbehalten freizumachen und seine arbeitstechnischen Vorteile dem Bankensystem sowie der Notenbank nutzbar zu machen[61].

### γ) Die Lombardkontingentpolitik in England und den USA

In England kann Lombardkredit der Bank von England grundsätzlich nur mit einer Mindestlaufzeit von 7 Tagen aufgenommen werden[62]. Diese Refinanzierungsart wird von den Diskonthäusern bevorzugt, weil beim Wechselkredit eine Mindestlaufzeit von durchschnittlich 21 Tagen vorgeschrieben ist. Der Zinssatz ist in beiden Fällen gleich. Jedoch bestimmt die englische Zentralbank selber, welche Kreditart sie gewähren will[63]. Ein Kontingent besteht nicht. Der Rückgriff auf die Notenbank wird durch die Penalty-Funktion der Bankrate in Grenzen gehalten. Das maximal mögliche Volumen der Lombardkredite ergibt sich aus den Beständen an notenbankfähigen Papieren und den Beleihungssätzen. Seit 1966/67 ist bezüglich der Mindestlaufzeit und der Zinskosten eine gewisse Wandlung eingetreten, weil die Notenbank dazu überging, u. a. Tagesgeldkredite (Overnight Lending) zu Marktsätzen zu gewähren, um übermäßige Schwankungen von Angebot und Nachfrage am Geldmarkt, besonders zu bestimmten Terminen, zu mildern[64]. Damit hat sich die Bank von England von dem Prinzip der Penalty Rate teilweise gelöst. Folglich bestimmt sie jeweils den Umfang des Overnight Lending in Form von ad hoc-Kontingenten.

Ähnlich wie in England besteht auch in den Vereinigten Staaten in kreditpolitischer Hinsicht kein wesentlicher Unterschied zwischen Lombard- und Wechselkredit[65]. Der Lombardkredit wird auch hier bevor-

---

[60] Monatsberichte der Deutschen Bundesbank. August 1967. S. 5.

[61] Vgl. „Ein ‚Markt' für Kassenobligationen" ..., S. 854; *Köhler*, Cl.: Monetäre Hilfen für einen neuen Wirtschaftsaufschwung. In: WWI Mitteilungen. 20. Jahrg. (1967). S. 220 f.

[62] „The functions and organisation of the Bank of England." In: Bank of England. Quarterly Bulletin. Vol. 6. September 1966. S. 236.

[63] Radcliffe-Report ..., S. 122.

[64] Bank of England. Quarterly Bulletin. Vol. 6. September 1966. S. 215 f.; Bank of England. Quarterly Bulletin. Vol. 7. June 1967. S. 115, September 1967. S. 226 und December 1967. S. 342 f.

[65] Vgl. *Kent*, R. P.: Money and Banking ..., S. 426 ff.; *Chandler*, L. V.: The Economics of Money and Banking ..., S. 202 ff.; *Prather*, C. L.: Money and Banking. 4. ed. Chicago 1950. S. 479 f.

zugt, da der Arbeitsaufwand meistens gering ist, sich umfangreiche lombardfähige Staatspapierbestände bei den Geschäftsbanken befinden und der Kredit täglich getilgt werden kann. Der Lombardsatz entspricht in der Regel dem Diskontsatz. Die Zinslast ist aber aufgrund der postnumerando Zahlung niedriger als beim Diskontkredit[66]. Bei der Verpfändung von US Government Securities muß der Kreditnehmer gleichzeitig einen Solawechsel (Promissory Note) über den Kreditbetrag mit einreichen. Das entfällt bei Papieren, die bereits das Indossament der Geschäftsbank tragen[67]. Die Laufzeit beträgt höchstens 90 Tage. Bei akuten Liquiditätsschwierigkeiten können Mitgliedsbanken Lombardkredit bis zu vier Monaten beantragen. Dabei liegt es dann im Ermessen der Federal Reserve Banken, die Sicherheiten zu bestimmen. Nach dem Gesetz müssen diese Kredite „‚secured to the satisfaction' of the Reserve Banks" sein, so daß weitgehende Zugeständnisse möglich sind[68]. Hierauf muß ein Zinssatz angewandt werden, der die Bankrate um mindestens 0,5 Punkt übersteigt.

Im Regelfall dient der Lombardkredit dazu, unvorhergesehene Fehlbeträge bei der Mindestreserve abzudecken, die bei dem kurzfristigen Berechnungszeitraum von einer bzw. zwei Wochen entstehen können[69]. Im übrigen wird die quantitative Begrenzung wie beim Wechselkredit durch die grundsätzliche Ablehnung einer häufigen und anhaltenden Verschuldung erreicht, ohne daß dazu Kontingente notwendig sind.

Eine besondere Art des Lombardkredits stellen die zwischen dem Federal Reserve System und Nonbank Dealers abgeschlossenen Repurchase Agreements dar, die maximal über 15 Tage laufen[70]. Da diese aber im Zusammenhang mit Offenmarktoperationen durchgeführt werden, soll hierauf erst unter „Offenmarktpolitik mit Nichtbanken" eingegangen werden.

### *d) Die Kontingentpolitik im Zusammenhang mit dem Offenmarktgeschäft mit Kreditinstituten*

Die Offenmarktgeschäfte zwischen Notenbank und Geschäftsbanken sind in bezug auf die Liquiditätssalden neutral, weil sie den Umfang

[66] *Willes,* J. B.: United States. In: Banking Systems. Ed. Beckhart, B. H. New York 1954; *Chandler,* L. V.: The Economics of Money and Banking ... S. 203.

[67] *Klein,* J. J.: Money and the Economy. New York/Chicago/Burlingame 1965. S. 169.

[68] *Kent,* R. P.: Money and Banking ..., S. 428. *Burgess,* R.: The Reserve Banks and the Money Market ..., S. 50.

[69] *Robinson,* R. I.: The Management of Bank Funds. New York/San Francisco/Toronto/London 1962. S. 72 f.

[70] Vgl. *Nadler,* M., S. *Heller* und S. S. *Shipman:* The Money Market and its Institutions. New York 1955. S. 161; *Chandler,* L. V.: The Economics of Money and Banking ..., S. 228 f.

liquider Mittel nicht verändern[71]. Die Offenmarktpolitik ist aber bis zu einem gewissen Grade mit der Kontingentpolitik verbunden: Die eingesetzten Papiere haben die Eigenschaft von Offenmarkttiteln nicht eo ipso, sondern erhalten diese erst durch die Bereitschaft der Notenbank, die Papiere ankaufen zu wollen. Diese Erklärung ist Kontingentpolitik, wenn solche Titel bereits vorher emittiert und von Kreditinstituten gekauft wurden. Der Erwerb stellte zunächst eine Kreditgewährung des Bankensektors an die Öffentliche Hand zulasten seines Liquiditätssaldos dar, soweit der Gegenwert bei der Notenbank eingezahlt wurde. Durch die nachträgliche Erklärung dieser Papiere zu Offenmarkttiteln zählen sie zu den liquiden Mitteln, die sich damit entsprechend erhöhen. Als Beispiel sei auf die Behandlung der Kassenobligationen des Bundes hingewiesen. Sie wurden zum überwiegenden Teil an das Bankensystem verkauft[72]. Der Erlös wurde den Konten des Bundes bei der Notenbank gutgeschrieben. Die Bankenliquidität nahm zunächst um diesen Betrag ab. Als aber die Bundesbank im August 1967 die Kassenobligationen mit Restlaufzeiten von $1^1/_2$ Jahren in die Geldmarktregulierung einbezog[73], erhöhte sich die Bankenliquidität um die Summe der davon erfaßten Papiere. Sie steigt in dem Maße weiter an, wie die Titel in die Restlaufzeit hineinwachsen.

Voraussetzung für den Einsatz der Kontingentpolitik in diesem Sinne ist also, daß die Papiere bereits im Bestand der Banken sind und dann zu Offenmarktpapieren erklärt werden bzw. im umgekehrten Falle diese Eigenschaft verlieren und damit zu den Krediten zu zählen sind. Dagegen tritt dieser Liquiditätseffekt nicht ein, wenn die Notenbank bestimmte Papiere, die noch nicht im Umlauf sind, als Offenmarktpapiere bezeichnet und dann mit deren Emission beginnt.

Die Bundesbank hat von dieser besonderen Art der Kontingentpolitik kaum Gebrauch gemacht. Denn mit Ausnahme der zitierten Kassenobligationen wurde bisher die Eigenschaft als Geldmarktpapier vor dem Verkauf festgelegt, so für Schatzwechsel und unverzinsliche Schatzanweisungen. Eine gewisse Sonderstellung nehmen die Solawechsel der Einfuhr- und Vorratsstellen ein, deren Kontingent sich nach der Schwankungsbreite der jeweils eingelagerten Agrarerzeugnisse (Getreide, Fette, Fleisch) richtet. Die Variation dieses Kontingents bedeutet eine entsprechende Veränderung der Bankenliquidität, wenn die Sum-

---

[71] Vgl. *Brehmer,* E.: Struktur und Funktionsweise des Geldmarktes der Deutschen Bundesrepublik seit 1948 ..., S. 174; *Rittershausen,* H.: Die Zentralnotenbank ..., S. 160.

[72] Vgl. „Neue Kassenobligationen des Bundes“. In: HB v. 22. 8. 1967; „Zentralbankrat diskutiert den Tender“. In: HB v. 24. 8. 1967.

[73] Vgl. „Ein ‚Markt‘ für Kassenobligationen“ ..., S. 854; „Kassenobligationen im Tenderverfahren“. In: ZKW. 20. Jahrg. (1967). S. 645 f.; Monatsberichte der Deutschen Bundesbank. August 1967. S. 3.

me der Vorratsstellenwechsel das Kontingent übersteigt[74]. Ähnlich ist auch die Behandlung der Privatdiskonten. Hier hat die Bundesbank ein Gesamtkontingent von z. Zt. 1,5 Mrd. DM festgelegt. Die erstmalige Aufstellung eines Kontingents in Höhe von 1 Mrd. DM (Mai 1966)[75] stellte eine Beschränkung der liquiden Mittel dar, weil vorher der Rückhalt bei der Notenbank nur durch das Volumen der Papiere begrenzt war, das aber über diesem Limit gelegen haben dürfte. Die Anhebung des Kontingents auf 1,5 Mrd. DM Anfang 1967 führte zu einer entsprechenden Erhöhung der Bankenliquidität.

Diese bisher von der Bundesbank gezeigte Vorsicht mag auf das Bestreben zurückzuführen sein, den „Besitzstand" der Kreditinstitute möglichst zu wahren, d. h. sie scheut davor zurück, zur Unterstützung einer restriktiven Politik einem Teil der im Bankensystem befindlichen Papiere die Offenmarktfähigkeit zu entziehen, um so die Bankenliquidität zu vermindern. Sicherlich würde ein solches Vorgehen den Anreiz zum Erwerb dieser Titel für die Kreditinstitute schmälern, aber es wäre ein Mittel, um größere Liquiditätsreserven, wie sie sich häufig bis zum Beginn einer Restriktionsphase angesammelt haben[76], zu absorbieren — wenigstens soweit die Fälligkeiten nicht zu kurz sind. Bei zu knappen Restlaufzeiten ist dies Verfahren nicht anwendbar, da die Kreditinstitute nur auf den Einlösungstermin zu warten brauchen, um Zentralbankgeld zu erhalten. Es wäre daher günstiger, für Offenmarktoperationen längerfristige Titel einzusetzen. Die Kontingentpolitik ließe sich dadurch erheblich ausweiten. So wurden bis August 1967 Geldmarktpapiere mit einer maximalen Laufzeit von 2 Jahren emittiert. Wenn bei diesen Titeln im Portefeuille der Banken eine gleichmäßige Verteilung der Fälligkeiten unterstellt wird, so ist die Hälfte einer solchen Liquiditätsreserve innerhalb des ersten Jahres fällig. Der Verlust der Offenmarktfähigkeit würde also nur zu einer 50prozentigen Absorption der liquiden Mittel führen, und am Ende des zweiten Jahres wäre dieser Effekt vollständig aufgehoben. Ganz anders ist die Situation bei z. B. 10jährigen Schuldverschreibungen mit ebenfalls gleichmäßig gestaffelten Fälligkeiten. Hier ließen sich bis zum Ende des ersten Jahres 90 % der so gehaltenen Liquiditätsreserven festlegen, und am Ende des zweiten Jahres wäre es immer noch ein Bestand von 80 %. Eine restriktive Politik könnte dadurch wirkungsvoll unterstützt und der Bremsweg verkürzt werden, weil nicht mehr auf ein langsames

[74] Vgl. *Rittershausen,* H.: Die Zentralnotenbank ..., S. 92; *Veit,* O.: Grundriß der Währungspolitik ..., S. 265. Fußnote 1.

[75] „Kontingente auch für Privatdiskonten." In: HB vom 3. 5. 1966.

[76] *Stucken,* R.: Deutsche Geld- und Kreditpolitik 1914—1963. 3. Aufl. Tübingen 1964. S. 274.

Abschmelzen der freien Liquiditätsreserven gewartet werden muß[77]. Die Bundesbank behilft sich bisher mit einer entsprechenden Gestaltung der Abgabe- und Rücknahmesätze, um die vorzeitige Rückgabe zu unterbinden und den Neuerwerb längerfristiger Titel zu fördern[78].

In diesem Zusammenhang ist kurz auf die amerikanische Offenmarktpolitik mit Banken hinzuweisen, bei der die Kontingentpolitik viel stärker im Vordergrund steht. Im Gegensatz zur Bundesbank ist das Federal Reserve System grundsätzlich nicht bereit, jedes Angebot an Offenmarktpapieren aufzunehmen. Vielmehr entscheidet es sich täglich neu, ob und in welchem Umfang über eigene Interventionen gekauft oder verkauft werden soll[79]. Hier ruft jeder Kauf (bzw. Verkauf) eine Liquiditätssaldenveränderung hervor, weil Kauf und „Erklärung zum Offenmarkttitel" (bzw. Verkauf und Entzug der Offenmarktfähigkeit) zeitlich zusammenfallen. Folgerichtig werden in den USA — wie bereits gezeigt — die Bestände an Offenmarkttiteln *nicht* zu den freien Liquiditätsreserven gezählt[80].

Eine gewisse Parallele zu den amerikanischen Offenmarktgeschäften läßt sich zu den seit August 1967 von der Bundesbank durchgeführten Käufen von langfristigen Bundesanleihen ziehen[81]. Auch hier hat sich die Notenbank erst mit dem tatsächlichen Kauf der Papiere von Kreditinstituten und Nichtbanken für eine Erhöhung der Bankenliquidität entschieden.

Die von der amerikanischen Notenbank immer wieder gezeigte Zurückhaltung gegenüber dem Refinanzierungskredit war nur möglich, weil der Liquiditätsbedarf des Bankensystems über den Ankauf von Staatstiteln gedeckt wurde: In den letzten Jahren haben die Bestände an solchen Titeln im Portefeuille der Federal Reserve Banken erheblich zugenommen, um die negativen Liquiditätswirkungen der anhaltenden Zahlungsbilanzdefizite aufzufangen und dem wachstumsbedingten Liquiditätsbedarf der Banken zu entsprechen[82].

---

[77] Vgl. Geschäftsbericht der Deutschen Bundesbank für das Jahr 1965. S. 48 ff.

[78] *Stucken,* R.: Deutsche Geld- und Kreditpolitik 1914—1963 ..., S. 274; Geschäftsbericht der Deutschen Bundesbank für das Jahr 1957. S. 42 f.

[79] *Burgess,* W. R.: The Reserve Banks and the Money Market ..., S. 42.

[80] Vgl. Federal Reserve Bulletin. February 1961. S. 131.

[81] „Das Effektenkonto der Bundesbank." In: ZKW. 20. Jahrg. (1967) S. 896. Monatsberichte der Deutschen Bundesbank. August 1967. S. 5. Vgl. die vorangegangene Diskussion: *Stützer,* R.: Das Trauma der Liquidität. In: Der Volkswirt. 21. Jahrg. (1967) S. 415 f.

[82] „... the movements of gold and currency ... added substantially to the need for expansionary open market operations, as gold outflows and increases in currency in circulation were not permitted to contract member bank credit and deposits." *Axilrod,* S. H. und J. *Krummack:* Federal Reserve Security Transactions, 1954—1963. In: Federal Reserve Bulletin. July 1964.

### e) *Würdigung der Refinanzierungskontingentpolitik*

Der Überblick über die Kontingentpolitik in Deutschland, England und den USA hat die Wege erkennen lassen, die die Notenbanken bei der Begrenzung ihres Kredits einschlagen können. Dabei reicht die Skala von einer grundsätzlichen Ablehnung jeder Kreditgewährung bis zur Bejahung einer dauernden Beanspruchung durch das Geschäftsbankensystem. Aber am Beispiel der USA wurde auch deutlich, daß Notenbanken, die sich gegenüber bestimmten Refinanzierungsarten sehr restriktiv verhalten, andere Kreditfazilitäten um so mehr bereitstellen.

Es liegt daher nahe, die im Zusammenhang mit bestimmten Formen des Refinanzierungskredits immer wieder auftauchenden Argumente kritisch auf ihre wirtschaftliche Berechtigung hin zu untersuchen, um evtl. zu einer für deutsche Verhältnisse optimalen Liquiditätsversorgung zu gelangen.

Notenbankkredit wird grundsätzlich nur gegen zentralbankfähige Aktiva gewährt. Zum Begriff der Zentralbankfähigkeit gehört beim Diskontkredit besonders die Eigenschaft des guten Handelswechsels. Zwar hat sich fast allgemein die Überzeugung durchgesetzt, daß der Handelswechsel nicht in der Lage ist, den Liquiditätsbedarf der Wirtschaft und den der Banken genau anzuzeigen, denn „in practice the particular piece of paper which memberbank presents to a Reserve Bank is usually unrelated to the cause of borrowing“[83]. Dennoch wird die Fiktion einer engen Bindung zwischen Grundgeschäft und Refinanzierung der Banken weiter aufrechterhalten: „Die Laufzeit der Wechsel darf nicht über die Zeit hinausgehen, die zur Abwicklung des zugrunde liegenden Warengeschäfts notwendig ist ... Bankakzepte werden nur angekauft, wenn sie der kurzfristigen Finanzierung bestimmter Einzelgeschäfte dienen[84].“ Für das Festhalten am Wechsel lassen sich hauptsächlich zwei Motive anführen: Einmal gewährleistet die Haftung der

---

S. 825. Die vom Federal Reserve System aufgenommenen marktfähigen Wertpapiere haben sich seit Dezember 1959 um 22,28 Mrd. $ auf 48,93 Mrd. $ (November 1967) erhöht, was einer Steigerung um etwa 83 % entspricht. Vgl. Federal Reserve Bulletin. February 1961. S. 176 und January 1968. S. A-12.

[83] *Burgess,* W. R.: The Reserve Banks and the Money Market ..., S. 54; *Leemann,* E.: Geldversorgung und wirtschaftliches Wachstum ..., S. 686 f.; *Ehrlicher,* W.: Die außenwirtschaftliche Komponente der Geldversorgung ..., S. 596; *Noll,* W.: Die Geldversorgung in einer wachsenden Wirtschaft ..., S. 360; Veit möchte dagegen nicht auf die „Eligibility“ verzichten, weil sonst „die Kreditpolitik der Währungsbank einen mechanischen Charakter (erhielte). Die Währungsbank würde eine Art Liquiditätsverteilungsautomat, dessen Ausstoß gleichsam geregelt werden könnte mit Hilfe eines den Hitzegrad der Konjunktur messenden Thermostats“. *Veit,* O.: Grundriß der Währungspolitik ..., S. 230.

[84] Geschäftsbericht der Deutschen Bundesbank für das Jahr 1966. S. 106 f.

Wechselverbundenen zusammen mit der Wechselstrenge die Einlösung des Papiers, so daß das Geschäftsrisiko weitgehend begrenzt wird, was allerdings für jede Wechselart und nicht nur für den Handelswechsel gilt.

Zum anderen sorgt die kurze Restlaufzeit dafür, daß die Bewegungsfreiheit für kreditpolitische Entscheidungen gewahrt bleibt[85]. Die Banken müssen, soweit sie die Verschuldung aufrechterhalten wollen, nach Maßgabe der Fälligkeiten neues Wechselmaterial anbieten. Die Notenbank kann dann die Konditionen erneut bestimmen oder sogar den Kredit verweigern. Auch dieser Effekt läßt sich mit Hilfe von Finanzwechseln erzielen. Außerdem bedarf es nicht unbedingt des Self-Liquidating-Prinzips, um die Entscheidungsfreiheit der Notenbank zu sichern. Es genügen Papiere, die jederzeit am Markt wieder verkauft werden können. Self-Liquidating läßt sich durch Shiftability ersetzen[86], auch wenn das Kursrisiko für die Notenbank größer wird, weil nicht gewährleistet ist, daß die Papiere mindestens zum Einstandspreis wieder abgesetzt werden können[87]. Derartige Risikoüberlegungen haben zwar größere Bedeutung für die Geschäftsbanken, weil deren Wertpapierbestand bei Kurssenkungen weitgehend illiquide wird, soweit der Einkaufskurs unterschritten wird (Locking-in-Effect)[88], was aber für eine Notenbank grundsätzlich keine Rolle spielt. Nur wenn das Bankensystem insgesamt in Liquiditätsschwierigkeiten gerät, versagt das Shiftability-Prinzip. Das gleiche gilt aber auch für das Self-Liquidating-Prinzip, weil dann weder Banken noch Nichtbanken in der Lage sind, ohne Liquiditätshilfe der Notenbank ihren Verpflichtungen zu entsprechen[89]. Die Zentralbank wird also gerade dann am stärksten in Anspruch genommen, wenn die ihr angebotenen Aktiva am wenigsten den üblichen Anforderungen hinsichtlich Liquiditätsgrad und Sicherheit entsprechen. In solchen Situationen zeigt sich, wie problematisch im Grunde das Streben nach möglichst sicherer Deckung des Notenbankkredits ist.

Die Notenbank kann Liquiditätskrisen nicht dadurch verhindern, daß sie hohe qualitative Anforderungen an das Wechselmaterial stellt: Die

---

[85] *Gleske*, L.: Die Liquidität in der Kreditwirtschaft ..., S. 85.

[86] „Die Manövrierfähigkeit der Zentralbank ist immer gewährleistet, solange sie sich die Möglichkeiten offenhält und die Bedingungen herstellt, zu denen sie langfristige Kreditpapiere kaufen und verkaufen kann." *Gleske*, L.: Die Liquidität in der Kreditwirtschaft ..., S. 83.

[87] Vgl. *Rittershausen*, H.: Die Zentralnotenbank ..., S. 177.

[88] *Robinson*, R. I.: The Management of Bank Funds ..., S. 375. *Dürr*, E.: Wirkungsanalyse der monetären Konjunkturpolitik ..., S. 77 und S. 319; *Stützel*, W.: Bankpolitik heute und morgen. 2. Aufl. Frankfurt/M. 1964. S. 23 f.

[89] *Hahn*, L. A.: Volkswirtschaftliche Theorie des Bankkredits. 3. Aufl. Tübingen 1930. S. 69.

rediskontierten Wechsel machen nur einen Bruchteil sämtlicher Kreditverhältnisse aus. Und auch diese werden in Mitleidenschaft gezogen, wenn Kreditinstitute durch andere Engagements fallieren. Immerhin räumt Burgess ein, daß „on the whole, it is fair to say that the eligibility requirements of the Reserve System have exerted an influence toward the betterment of banking standards in the United States“[90]. Ausschlaggebend für die Begrenzung des Kreditrisikos der Notenbank ist jedoch in erster Linie eine ordnungsgemäße und sachkundige Geschäftsführung der Banken. Die Qualität des Managements sollte Maßstab für den Umfang des Refinanzierungskredits sein[91]. Ein solches Verfahren würde auch eher der Funktion einer Zentralbank als Bank der Banken entsprechen, die sich von den Direktgeschäften mit der Wirtschaft zurückgezogen hat.

Ergänzend zum Für und Wider des Wechselkredits ist noch die Frage nach ausreichendem Wechselmaterial und nach dem Arbeitsaufwand zu untersuchen. Der Umfang der Wechselbestände läßt sich in gewissen Grenzen durch die Banken beeinflussen. Aber es haben sich z. B. in der Restriktionsperiode 1964/66 bei einzelnen Instituten Schwierigkeiten gezeigt, notenbankfähiges Wechselmaterial in genügendem Umfange zu beschaffen, obwohl der Inlandswechselbestand der Bundesbank nur einmal die 8-Mrd.-Grenze überstieg[92]. Welche Probleme würden sich aber erst ergeben, wenn bei langfristigen Zahlungsbilanzdefiziten die Liquiditätsversorgung der Banken allein über den Rediskont durchgeführt werden müßte? Vor dem II. Weltkrieg und bis 1945 wurde dieses Problem mit besonderen Wechseln des Staates (Arbeitsbeschaffungswechsel, Mefo-Wechsel, Reichsschatzwechsel) gelöst, die das Notenbankgeld (einschl. Sichtverbindlichkeiten ohne Münzumlauf) in Höhe von 66,03 Mrd. Reichsmark (7. 2. 1945) fast vollständig deckten[93]. Die Vorstellung vom guten Handelswechsel und seiner Selbstverflüssigung wurden jedoch ad absurdum geführt. So dienten z. B. die Mefo-Wechsel, die als Instrument der Beschäftigungspolitik durchaus sinnvoll waren, später allein der Kriegsfinanzierung. Sie wurden „nach erreichter Vollbeschäftigung ... nicht zurückgezahlt und nicht konsolidiert“[94].

---

[90] *Burgess*, R.: The Reserve Banks and the Money Market ..., S. 53.

[91] In beschränktem Umfang trägt die Bundesbank diesem Gesichtspunkt bereits heute Rechnung: Bei der Festsetzung des Rediskontkontingents ... „wird berücksichtigt, ob das Kreditinstitut die Grundsätze des Bundesaufsichtsamtes für das Kreditwesen über das Eigenkapital und die Liquidität der Kreditinstitute beachtet“. Geschäftsbericht der Deutschen Bundesbank für das Jahr 1967. S. 99.

[92] Vgl. Ausweis vom 7. 6. 1966.

[93] *Veit*, O.: Grundriß der Währungspolitik ..., S. 570 f.; *Köhler*, Cl.: Der Geldkreislauf ..., S. 26 f.

[94] *Veit*, O.: Grundriß der Währungspolitik ..., S. 236.

Das Prinzip des Self-Liquidating hat eine ständig revolvierende Wechseleinreichung bei der Notenbank zur Folge, die mit einer erheblichen Arbeitsbelastung bei Kreditnehmer und -geber verbunden ist[95]. Im günstigsten Fall muß bei anhaltender Verschuldung und Ausnutzung der maximal zulässigen Wechselrestlaufzeiten von 3 Monaten viermal im Jahre diskontiert werden. Tatsächlich dürfte diese Zahl aufgrund der mittleren Laufzeit des Wechselmaterials erheblich darüber liegen, so daß die Bearbeitungskosten dieser Kreditart relativ hoch sind. Aus beiden Gründen — Materialmangel und Arbeitsaufwand — ist in manchen Ländern der Wechselrediskont durch den Lombardkredit fast vollständig verdrängt worden. — Die vorangegangenen Überlegungen haben gezeigt, daß die kreditpolitische Bewegungsfreiheit einer Notenbank in extremen Situationen weder durch gute Handelswechsel noch durch sichere Staatspapiere gewährleistet ist. Es ist daher zu erwägen, ob sich dann nicht das bisherige aufwendige Verfahren der Liquiditätsversorgung durch eine einfachere Methode ersetzen läßt.

### *f) Ein Gesamtkontingent als einheitliche Refinanzierungslinie*

Die Zentralbank könnte die Kreditaufnahme wesentlich erleichtern, wenn sie auf die Hereinnahme von Papieren und insbesondere Wechseln verzichten und statt dessen für jede Geschäftsbank ein Gesamtkontingent festsetzen würde[96]. Dieses Kontingent könnte sich ähnlich wie die Rediskontkontingente nach den haftenden Mitteln richten, um dem Wunsch der Notenbank nach Begrenzung des Geschäftsrisikos Rechnung zu tragen. Gleichzeitig würden die Kreditinstitute wie bisher dazu angeregt werden, ihre haftenden Mittel einem wachsenden Geschäftsumfang anzupassen. Eine weitergehende Sicherung — insbesondere durch die Haftung von Nichtbanken — erscheint nicht erforderlich, da der Nichtbankensektor seine Liquidität aus dem Bankensektor ableitet und nicht umgekehrt, denn die Sichteinlagen der Nichtbanken verlieren in dem Augenblick ihre Geldfunktion, in dem das jeweilige Kreditinstitut illiquide wird.

Eine derartige einheitliche Kreditlinie ließe sich stets der erwünschten Liquiditätsversorgung ohne Rücksicht darauf anpassen, ob dem Bankensystem genügend zentralbankfähige Aktiva zur Verfügung stehen oder nicht: Es kommt nämlich nicht auf die Art der Deckung an, „sondern vielmehr auf die Größe des Zentralbankgeldstromes, der sich insgesamt in die Wirtschaft ergießt“[97]. Allein ausschlaggebend ist, daß die Manövrierfähigkeit der Zentralbank gewährleistet bleibt[98]. Schließ-

---

[95] Vgl. *Köhler*, Cl.: Orientierungshilfen für die Kreditpolitik . . ., S. 31.

[96] Vgl. *Köhler*, Cl.: Orientierungshilfen für die Kreditpolitik . . ., S. 31.

[97] *Köhler*, Cl.: Der Geldkreislauf . . ., S. 18.

[98] *Gleske*, L.: Die Liquidität in der Kreditwirtschaft . . ., S. 83.

lich läßt sich aus der Einräumung einer Kreditlinie keine Verpflichtung zur Kreditgewährung herleiten, was bereits auch für das Rediskontkontingent gilt[99]. Die Zentralbank darf nämlich auf keinen Fall einem Kontrahierungszwang unterliegen, sondern muß in der Lage sein, „Kredite abzulehnen — auch solche, die nach dem Gesetz und nach den bekanntgegebenen Richtlinien zulässig sind“[100]. Das Gesamtkontingent sollte von den Geschäftsbanken kontokorrentmäßig in Anspruch genommen werden. Dabei ist eine Modifikation dergestalt denkbar, daß die Zinskosten mit zunehmender Ausnutzung des Kontingents steigen. So würde ein Effekt erreicht werden, wie er bisher durch die zinsmäßige Abstufung zwischen Rediskont- und Lombardkredit erzielt wird[101]. Oberhauser sieht allerdings in einer vorwiegend auf dem Notenbankkredit beruhenden Liquiditätsversorgung über den Wechselrediskont ein psychologisches Problem: „Durch hohe Refinanzierungskredite fühlen sich die Banken stark belastet. Sie werden nicht nur vorsichtiger in ihrer Kreditgewährung . . ., sondern sie werden in jeder Krise bemüht sein, ihren Schuldenbestand bei der Zentralbank so weit wie möglich abzubauen.“[102] Diese Verhaltensweise wird aber nur solange typisch bleiben, wie die Banken befürchten müssen, daß sie ihre Verschuldung gegenüber der Zentralbank zu einem ihnen ungelegenen Zeitpunkt wieder abbauen müssen. Dies trat bisher dann ein, wenn sich die Bonität der Wechselverbundenen im Zusammenhang mit der Konjunkturlage verschlechterte und die von den Geschäftsbanken gewährten Kredite einfroren. Die Notenbank hatte in solchen Fällen eine Rediskontierung von Wechseln mit nun nicht mehr einwandfrei als zahlungsfähig bekannten Verpflichteten abgelehnt, so daß gerade in dieser Situation, in der die Kreditinstitute auf den Refinanzierungsrückhalt der Notenbank besonders angewiesen waren, der Bestand an zentralbankfähigem Wechselmaterial zusammenschmolz. Hier wird aber eine grundlegende Wandlung eintreten, wenn durch die Einführung eines einheitlichen Liquiditätskontingents nicht die Bonität einzelner Nichtbanken, sondern die Qualität der Bankleitung im Vordergrund steht.

---

[99] Vgl. Geschäftsbericht der Bank deutscher Länder für das Jahr 1951. S. 17.

[100] *Veit,* O.: Grundriß der Währungspolitik . . ., S. 273. Fußnote 1.

[101] Damm diskutiert im Zusammenhang mit der Ausgestaltung der Mindestreservepflicht den Vorschlag, auf LZB-Konten Debetsalden zuzulassen. Er denkt dabei jedoch nicht an echte Kontokorrentkredite, da die Debetsalden in der gleichen Berechnungsperiode durch Guthabenüberschüsse ausgeglichen werden sollen. *Damm,* J.: Verzinsung der Mindestreserven? Frankfurt/M. 1959. S. 23.

[102] *Oberhauser,* A.: Probleme der Geldversorgung in einer wachsenden Wirtschaft . . ., S. 402.

### 2. Die Offenmarktpolitik mit Nichtbanken

Als zweites Instrument zum Ausgleich einer diskontinuierlichen Liquiditätsversorgung der Banken ist die Offenmarktpolitik mit Nichtbanken zu erörtern.

#### *a) Die Offenmarktoperationen der Bundesbank mit Nichtbanken*

Die Bundesbank und vorher die Bank deutscher Länder haben sich bei ihren Offenmarkttransaktionen lange Zeit vorwiegend auf die Kreditinstitute beschränkt. Außerhalb des Bankensystems konnten lediglich die Öffentliche Hand und die Sozialversicherungsträger Offenmarktpapiere erwerben. Aber nicht alle derartigen Geschäfte fielen unter die Offenmarktpolitik mit Nichtbanken, weil ein Teil zu keinen Veränderungen der Liquiditätssalden führte. Der Bund und der Lastenausgleichsfonds konnten bis zur Errichtung der Bundesbank die Anlage ihrer Zentralbankguthaben in Ausgleichsforderungen verlangen[103], um so eine Verzinsung der nicht benötigten Kassenmittel zu gewährleisten. Der Erwerb der Ausgleichsforderungen hatte jedoch keinen Einfluß auf die Bankenliquidität, weil davon allein die Zentralbankguthaben der Öffentlichen Hand berührt wurden.

Hiervon unterscheidet sich die Situation bei den Ländern grundlegend. Ihre Einlegepflicht war im Gegensatz zu der des Bundes so ungenau formuliert worden[104], daß sie kaum beachtet wurde[105]. Die Länder unterhielten deshalb nach einer Sondererhebung der Bank deutscher Länder zum 31. Oktober 1953 nur 21 % ihrer Einlagen im Zentralbanksystem, die Sozialversicherungsträger sogar nur 1 %[106]. Wenn von diesen Stellen Geldmarktpapiere gekauft wurden, so wahrscheinlich zum größten Teil zulasten der im Bankensystem unterhaltenen Guthaben[107], so daß diese Geschäfte hauptsächlich als Offenmarkttransaktionen mit Nichtbanken gewertet werden müssen. Die Geldmarktanlagen der Länder, des Lastenausgleichsfonds und der Arbeitslosenversicherung beliefen sich bereits 1950 auf 0,21 Mrd. DM und stiegen bis 1952 auf 0,50 Mrd. DM an. Der Bestand blieb dann bis 1954 praktisch unverändert. Er sank 1955 auf 0,20 Mrd. DM und erhöhte sich schließlich 1956,

---

[103] Vgl. Artikel III, Ziffer 14 d Abs. 2. Gesetz über die Errichtung der Bank deutscher Länder. Eingefügt durch Gesetz vom 7. September 1953. BGBl. I S. 1317.

[104] Vgl. Art. II, Ziffer 4 Nr. 3. Gesetz über die Errichtung der Landeszentralbanken. Amtsblatt der Militärregierung. Britisches Kontrollgebiet. Nr. 28. Verordnung Nr. 132. Erste Abänderung. S. 1067.

[105] *Schmölders*, G.: Geldpolitik. Tübingen/Zürich 1962. S. 223. *Beck*, H.: Gesetz über die Deutsche Bundesbank vom 20. Juli 1957 . . ., S. 295.

[106] Monatsberichte der Bank deutscher Länder. Februar 1954. S. 27.

[107] *Brehmer*, E.: Struktur und Funktionsweise des Geldmarktes der Deutschen Bundesrepublik seit 1948. Tübingen 1956. S. 114 f.

dem letzten Jahr vor der Neuformulierung der Einlegepflicht, auf 0,28 Mrd. DM[108].

Die Landeszentralbanken durften im Offenmarktgeschäft Anleihen des Bundes, der Länder und sonstiger öffentlicher Körperschaften, Pfandbriefe und Kommunalobligationen nur an Kreditinstitute und öffentliche Verwaltungen abgeben[109]. Eine Ausnahme bildete lediglich die französische Besatzungszone. Dagegen war die Bank deutscher Länder zwar frei in der Wahl ihrer Kontrahenten, sie durfte jedoch nur Schatzwechsel des Bundes einsetzen[110]. Erst das Bundesbankgesetz beseitigte diese Einschränkungen. Gleichzeitig wurde aber die Einlegepflicht der Länder und des ERP Sondervermögens mit der des Bundes auf eine Stufe gestellt, so daß diese Stellen „als Kontrahenten der Bundesbank beim Offen-Markt-Geschäft ..." ausfielen[111]. Obwohl durch diese Entwicklung der Kreis der bisherigen Nichtbankenabnehmer von Geldmarktpapieren kleiner wurde, scheute die Bundesbank davor zurück, die Transaktionen auf andere Nichtbankengruppen auszudehnen. Die Motive für dieses Verhalten sind in dem damals geltenden Habenzinsabkommen zu sehen[112], das den Kreditinstituten Höchstsätze im Einlagengeschäft vorschrieb und die Weitergabe von Offenmarkttiteln an ihre Kunden durch die Festlegung ungünstiger Konditionen unterband[113]. Die Notenbank wollte nicht in Konkurrenz mit den Banken treten[114].

Zwar hielt die Bundesbank „die Erweiterung des Geldmarktes durch die Einbeziehung von Nichtbanken" ... für wünschenswert[115], aber erst die vollständige Aufhebung der Zinsreglementierung seit April 1967 führte zu einer vorsichtigen Neuorientierung. Die Notenbank konnte dieses Instrument allerdings nicht voll einsetzen, weil die Kreditpolitik damals auf eine Liquidisierung des Bankensystems ausgerichtet war, sich aber kaum Offenmarktpapiere bei Nichtbanken befanden. Daher wären für den Beginn einer solchen Politik die Perioden mit großen Liquiditätszuflüssen am günstigsten gewesen[116].

---

108 Geschäftsbericht der Bank deutscher Länder für das Jahr 1954. S. 83. Geschäftsbericht der Bank deutscher Länder für das Jahr 1956. S. 79.

109 § 13, Ziffer 1 c LZB-Gesetz.

110 Artikel III, Ziffer 14 b BdL-Gesetz.

111 *Höchst*, P. O.: Offen-Markt-Politik und Staatskredit. Diss. Köln 1959. S. 45. Fußnote 1.

112 § 5 Manteltarif zwischen den Spitzenverbänden, Wirtschaftsgruppen und Fachgruppen der Kreditinstitute vom 22. Dezember 1936. DR Anz. Nr. 299/36.

113 Vgl. *Köhler*, Cl.: Der deutsche Geldmarkt — Alimentierung und kreditpolitische Beeinflussung ..., S. 62.

114 *Pfleiderer*, O.: Offenmarktpolitik. In: Handwörterbuch der Sozialwissenschaften. 8. Bd. Stuttgart/Tübingen/Göttingen 1964. S. 77. „Schlägt die Mindestreservepolitik durch?" In: Der Volkswirt. 11. Jahrg. (1957). S. 1321.

115 Monatsberichte der Deutschen Bundesbank. Januar 1965. S. 4.

116 Vgl. *Richebächer*, K.: Der fehlende Geldmarkt. In: Der Volkswirt. 12. Jahrg. (1958). S. 377 f.; *Köhler*, Cl.: Liquiditätsverluste in der westdeutschen

Als erste Maßnahme hat die Bundesbank Kassenobligationen des Bundes im Tenderverfahren an Banken und Nichtbanken verkauft und diese Papiere, soweit sie eine Restlaufzeit von 18 Monaten haben, in die Geldmarktregulierung einbezogen. Die von diesen Emissionen ausgehenden kontraktiven Effekte wurden durch die Verausgabung der Mittel durch den Staat wieder ausgeglichen, so daß der Tender nicht im Widerspruch zur Kreditpolitik stand. Käufer waren jedoch meistens Banken, da sich der Nichtbankensektor mit dieser Geschäftsart erst vertraut machen muß[117]. Hinzu kommt die Abneigung der Geschäftsbanken gegen den Verkauf von Geldmarktpapieren an Nichtbanken. Einige Kreditinstitute haben sogar ihren Kunden von einer Beteiligung am Tender abgeraten[118].

Die Bundesbank gibt noch keine der traditionellen Offenmarkttitel an Nichtbanken ab, mit Ausnahme an die öffentlichen Kapitalsammelstellen. Diese Einrichtungen haben sich in der Vergangenheit an der Übernahme solcher Titel freiwillig beteiligt. Hier ist mit Erlaß des Gesetzes zur Förderung der Stabilität und des Wachstums der Wirtschaft eine gewisse Wandlung eingetreten, weil die Sozialversicherungsträger durch Rechtsverordnung der Bundesregierung gezwungen werden können, einen Teil ihrer Betriebsmittel für ein Jahr, und unter Umständen sogar länger, in Geldmarktpapieren anzulegen, soweit die Bundesbank dies vorschlägt[119]. Es handelt sich aber um eine zeitlich begrenzte Maßnahme, die auf Ausnahmesituationen beschränkt bleiben wird[120], zumal das Ingangsetzungsverfahren — Antrag der Bundesbank, Anhörung der Versicherungsträger, Erlaß der Rechtsverordnung — etwas umständlich ist.

Eine andere Form des Offenmarktgeschäftes gewann im zweiten Halbjahr 1967 größere Bedeutung, als die Zentralbank dazu überging, Bundesanleihen für eigene Rechnung zu kaufen[121]. In Höhe der übernommenen Wertpapiere stiegen im Bankensystem die Liquiditätssalden, gleichgültig ob die Titel von Banken oder Nichtbanken gekauft wurden.

---

Wirtschaft, jedoch nicht bei den Banken. In: WWI Mitteilungen. 13. Jahrg. (1960). S. 285.

117 Vgl. „Zentralbankrat diskutiert Tender". In: HB vom 24. 8. 1967.

118 „Run auf die Kassenobligationen?" In: FAZ vom 19. 7. 1967.

119 Vgl. § 30 Abs. 1 und 2 Stabilisierungsgesetz. Der mit dieser Bestimmung eingefügte § 27 g Reichsversicherungsordnung erwähnt nicht die Rentenversicherung der Angestellten. Diese wird jedoch über § 205 Angestelltenversicherungsgesetz ebenfalls von der Neuregelung erfaßt. Vgl. *Stern,* K. und P. *Münch:* Gesetz zur Förderung der Stabilität und des Wachstums der Wirtschaft vom 8. Juni 1967. Kommentar. Stuttgart/Berlin/Köln/Mainz 1967. S. 204. Fußnote 1.

120 *Stern,* K. und P. *Münch:* Gesetz zur Förderung der Stabilität ... Kommentar ..., S. 204 f.

121 „Das Effektenkonto der Bundesbank." In: ZKW. 20. Jahrg. (1967). S. 896.

### *b) Die Offenmarktgeschäfte mit Nichtbanken in England*

Die englischen Offenmarktoperationen werden durch die große schwebende und fundierte Staatsschuld geprägt. Zur Finanzierung im kurzfristigen Bereich der Öffentlichen Hand werden zwei verschiedene Wege eingeschlagen, und zwar durch den Verkauf von Schatzwechseln im Tender- und Tap-Verfahren.

Das Tender-Verfahren findet einmal wöchentlich statt. Das Schatzamt schreibt einen festen Anleihebetrag aus, dessen Höhe sich nach dem jeweiligen Finanzbedarf richtet[122]. Der Bedarf wird wesentlich durch die Fälligkeiten der ausstehenden Papiere und die kurzfristige Kassenlage bestimmt, zumal sich die Steuereingänge auf die Monate Januar bis März konzentrieren[123]. An den Ausschreibungen beteiligen sich die Diskonthäuser, die Clearingbanken — allerdings nur soweit ihnen Kundenaufträge vorliegen, denn den Eigenbedarf decken sie über die Diskonthäuser —, die sonstigen Banken und die Wirtschaft. Welcher Anteil auf die einzelnen Gruppen entfällt, hängt von deren Geboten ab, die mindestens über 50 000 £ lauten müssen: „The Government accepts the highest offers . . .[124]."

Die Diskonthäuser geben gemeinsam ein stets den gesamten Ausschreibungsbetrag umfassendes Gebot ab — meistens mit dem niedrigsten Preis, so daß die Nachfrage aller anderen Gruppen vor ihnen befriedigt wird[125].

Allerdings manipulieren diese Diskonthäuser „. . . the syndicate bid week by week in order to discourage ‚outside' tenders. The operator outside the syndicate is at some disadvantage if he tenders at a price much different from the syndicate bid: either he misses the bills, or he pays much more for them than the principal market operators pay for their bills"[126]. So versuchen die Diskonthäuser, den Markt unberechenbar zu machen, um die Wirtschaft von der Beteiligung am Tender abzuhalten und als eigene Kunden zu gewinnen. Dennoch haben sie dieses Ziel nie vollständig erreichen können, so daß Schatzwechsel auch beim Tender direkt an Nichtbanken gelangen. Daneben verkaufen Diskonthäuser und Commercial Banks diese Papiere an Wirtschaftsunternehmen und Private. Sie bieten aufgrund ihres umfangreichen Portefeuilles Papiere mit verschiedenen Restlaufzeiten an und können da-

---

[122] „The functions and organisation of the Bank of England." In: Bank of England. Quarterly Bulletin. Vol. 6. September 1966. S. 236; *Dacey*, W. M.: The British Banking Mechanism. London 1962. S. 36.

[123] Vgl. *Weise*, H.: Probleme der Geld- und Kreditpolitik im Lichte des Radcliffe-Reports. Tübingen 1964. S. 125.

[124] *Day*, A. C. L.: Outline of Monetary Economics . . ., S. 157.

[125] *Dacey*, W. M.: The British Banking Mechanism . . ., S. 63.

[126] Radcliffe-Report . . ., S. 218.

durch den individuellen Wünschen der Anleger entsprechen[127], während im Tender Schatzwechsel nur mit 91 Tagen und zum Jahresbeginn manchmal auch mit 63 Tagen Fälligkeit zum Verkauf stehen[128]. Für die Liquiditätswirkungen der Offenmarktoperationen ist allein ausschlaggebend, welcher Umfang an Schatzwechseln von Nichtbanken insgesamt übernommen wird. Allerdings hat das Bankensystem durch seine Zwischenschaltung in den Absatz der Schatzwechsel bessere Einwirkungsmöglichkeiten auf das Verhalten der Nichtbanken als beim direkten Absatz im Tender.

Beim Tap-Verfahren gibt das Schatzamt Treasury Bills unmittelbar an den National Debt Comissioners sowie an den Exchange Equalization Account ab[129], um die flüssigen Mittel dieser Stellen vom Geldmarkt fernzuhalten, weil die Kassenbestände starken Schwankungen unterworfen sind, die das Gleichgewicht von Angebot und Nachfrage stören könnten. Auf gleichem Wege erhalten auch ausländische Staaten und die Bank von England Schatzwechsel. Die Bank von England benötigt diese Papiere, um damit unabhängig vom Tender am offenen Markt intervenieren zu können. Sie beauftragt ein kleines Diskonthaus, den sogenannten „Special Buyer", mit der Ausführung dieser Maßnahmen[130], „to keep market rates at steady levels dictated by itself"[131]. Dabei schließt die Notenbank grundsätzlich nur Geschäfte mit den Diskonthäusern ab. Lediglich wenn diese Institute nicht über die von der Notenbank beim Ankauf bevorzugten Papiere mit kurzen Restlaufzeiten verfügen, übernimmt der Special Buyer Titel auch von den Commercial Banks, die ihre so erhöhten liquiden Mittel zunächst bei den Diskonthäusern einlegen[132]. Der Nichtbankensektor wird von diesen Operationen nur indirekt über die Veränderung der Marktsätze berührt, die die Kauf- und Verkaufentscheidungen beeinflussen.

Der Nichtbankensektor hat in der Vergangenheit ziemlich empfindlich auf Zinsverschiebungen reagiert. Steigen z. B. die Zinssätze am Geldmarkt relativ zu denen der Einlagen, so werden Offenmarkttitel zulasten der Bankguthaben gekauft und umgekehrt. Das schlägt sich dann in dem Verhältnis der Marktsätze zu den Zinsen für Einlagen und den gehaltenen Schatzwechselbeständen nieder: „Information indicates

---

[127] Vgl. *Day,* A. C. L.: Outline of Monetary Economics ..., S. 158.

[128] Radcliffe-Report ..., S. 39.

[129] *Dacey,* W. M.: The British Banking Mechanism ..., S. 66 f.

[130] Radcliffe-Report ..., S. 116.

[131] *Sayers,* R. S.: Open Market Operations in English Central Banking. In: Schweizerische Zeitschrift für Volkswirtschaft und Statistik. Band 89 (1953) S. 395.

[132] *Sayers,* R. S.: Open Market Operations in English Central Banking ..., S. 395.

that ‚Other Home Holdings' of treasury bills tend to change in sympathy with changes in the margin between the yield on these bills and the rate allowed on deposits by the clearing banks[133]." Offensichtlich werden die privaten und institutionellen Anleger des Nichtbankensektors mit wachsendem Geldvermögen zinsbewußter. Sie beginnen dann, die Anlagemöglichkeiten am Geld- und Kapitalmarkt genauer zu prüfen und nehmen, soweit höhere Erträge zu erzielen sind, Umtauschoperationen vor. Daher ist die Bank von England bis zu einem gewissen Grade in der Lage, über die Manipulierung der Marktrate auf den von Nichtbanken gehaltenen Schatzwechselbestand einzuwirken, um so den Banken Liquidität zu entziehen oder zuzuführen. Nach einer Statistik vom 31. 3. 1957 hielt das Bankensystem nur 50 % der umlaufenden Schatzwechsel, während sich der Rest im Nichtbankensektor und hier hauptsächlich bei staatlichen und privaten Anlegern des Auslandes befand[134].

Neben den Offenmarktgeschäften mit Schatzwechseln kauft und verkauft die Bank von England über den „Government Broker" längerfristige Anleihen mit dem Ziel, „a healthy market for the sale of government stock in the future ..." zu schaffen[135]. Die Bank läßt bevorzugt Titel mit kurzen Restlaufzeiten aufnehmen und langfristige Papiere absetzen. Damit werden die stoßweisen Belastungen des Marktes aufgefangen, die sich sonst aus der punktuellen Emission großer Anleihebeträge ergeben würden. Die Notenbank sorgt so für einen kontinuierlichen Refundierungsprozeß[136]. Sie berücksichtigt besonders die jeweilige Marktlage und ist durchaus bereit, Staatstitel zurückzukaufen. Das hat dazu geführt, daß die Bank von England 1953 etwa $^1/_{12}$ der gesamten Staatsschuld hielt[137].

Bisher wurde nur die eine Seite der Offenmarktgeschäfte behandelt — nämlich Kauf und Verkauf der Offenmarkttitel. Nicht ohne Bedeutung ist jedoch die Verwendung bzw. Herkunft der dafür erhaltenen

---

133 *Zawadzki*, K. K. F.: Are Open-Market Operations Effective? In: Oxford Economic Papers. Vol. 17 (1965). S. 109. Ähnlich Radcliffe-Report ..., S. 216: „Since early in 1955 there has been substantial holdings of Treasury Bills by industrial and commercial concerns ... The phenomenon is to be associated, we were told in evidence, both with the absolute height of Treasury Bill rate and with the margin between Treasury Bill rate and bank deposits rates."

134 Radcliffe-Report ..., S. 198. Die Bank von England veröffentlicht in ihren Vierteljahresberichten nur die Veränderungen der Schatzwechselbestände. Danach scheint sich der Anteil der Banken zur Zeit zu erhöhen. Vgl. Bank of England. Quarterly Bulletin. Vol. 7. December 1967. S. 391.

135 „The functions and organisation of the Bank of England" ..., S. 237.

136 „The functions and organisation of the Bank of England" ..., S. 237.

137 *Sayers*, R. S.: Open Market Operations in English Central Banking ..., S. 397.

bzw. eingesetzten Mittel. Solange z. B. Titel an den Nichtbankensektor abgesetzt werden und der Gegenwert über den Staat in den Wirtschaftskreislauf zurückfließt, tritt keine Änderung der Bankenliquidität ein. Anders ist die Situation beim Exchange Equalization Account: Die von einem Zahlungsbilanzüberschuß ausgehende Liquidisierung wird durch den Absatz der Offenmarktpapiere, soweit sie von Nichtbanken gekauft werden, neutralisiert.

Wenn die Notenbank Staatstitel aus dem eigenen Bestand an den Markt abgibt, wird der Gegenwert stillgelegt. Zwar ist in einer vorangegangenen Periode bei der Übernahme der Papiere durch die Notenbank vom Schatzamt der Gegenwert dem Staat zur Verfügung gestellt worden, so daß sich über die Verausgabung der Mittel die Bankenliquidität erhöhte. Aber diese Transaktionen sind im Einverständnis mit der Bank von England vorgenommen und mit der Liquiditätslage abgestimmt worden. Daher stellen Kauf und Verkauf dieser Titel am Markt echte Offenmarkttransaktionen dar. Die Operationen werden so gesteuert, daß ein „geordneter Markt“ mit möglichst stetigen Zinssätzen erreicht wird[138]. Dies ist aber nur dann der Fall, wenn die Schwankungen in der Liquiditätsversorgung der Banken ausgeglichen werden, was Ziel der Offenmarktoperationen ist.

### *c) Die Offenmarktgeschäfte mit Nichtbanken in den USA*

Ähnlich wie in England wuchs auch in den Vereinigten Staaten das Volumen der Offenmarktgeschäfte mit der sich ständig erhöhenden Staatsschuld. Die laufend fällig werdenden kurz-, mittel- und langfristigen Papiere sowie zusätzlicher Finanzbedarf haben einen großen Markt entstehen lassen, über den das Schatzamt mit Unterstützung des Federal Reserve Systems als Fiscal Agent den Verkauf und die Einlösung der Staatsschuldtitel abwickelt.

Die Aufgabe der Notenbank besteht auch hier darin, stärkere Schwankungen der Zinssätze zu vermeiden, da ein relativ stabiles Kursniveau Voraussetzung für einen funktionsfähigen Markt ist. Allerdings können sich dabei schwerwiegende Konfliktsituationen ergeben, wenn z. B. im Hinblick auf die konjunkturelle Lage eine Verminderung der Bankenliquidität notwendig wäre, der geplante Absatz von Staatsschuldverschreibungen dagegen eine Liquidisierung des Marktes erfordert[139]. So hat das Federal Reserve System bis März 1951 die Kurse der Regierungspapiere bedingungslos gestützt[140]. Die dann mit dem Trea-

[138] Vgl. Radcliffe-Report . . ., S. 115 und S. 191.

[139] *Hart*, A. G. und P. B. *Kenen:* Money Debt and Economic Activity. 3. ed. Englewood Cliffs 1961. S. 104.

[140] Vgl. die Diskussion der Vor- und Nachteile dieser Politik bei *Whittlesey*, C. R.: Die Politik des Federal Reserve Systems 1945—1951. In: Weltwirtschaftliches Archiv. Band 68 (1952). S. 185 ff.

sury vereinbarte Neuorientierung der Offenmarktpolitik räumte kreditpolitischen Überlegungen wieder den Vorrang gegenüber fiskalischen Gesichtspunkten ein[141].

Für die Offenmarktpolitik ist das Open Market Committee verantwortlich, das sich zur Ausführung der notwendigen Operationen der Federal Reserve Bank New York bedient[142]. An den wöchentlichen Ausschreibungen beteiligen sich Kreditinstitute, Wertpapierhändler, Wirtschaftsunternehmen, ausländische Zentralbanken sowie das Federal Reserve System, dessen Nachfrage bei Schatzwechseln auf den Umfang der im eigenen Bestand fällig werdenden Papiere beschränkt ist[143]. Die günstigsten Gebote werden zuerst berücksichtigt und zum jeweiligen Bietungskurs abgerechnet, so daß es bei diesem sogenannten Competitive Tender keinen einheitlichen Preis gibt. Lediglich im Non-Competitive Tender, der für kleinere Anleger des Banken- und Nichtbankensektors eingerichtet wurde, um eine möglichst breite Öffentlichkeit zur Beteiligung anzuregen, erhalten die volumenmäßig begrenzten Gebote einheitlich den Zuschlag zum gewogenen Durchschnittspreis des Competitive Tender[144].

Die Wertpapierhändler setzen sich aus 5 Bank- und 12 Nichtbankenunternehmen zusammen. Sie nehmen mit einem Anteil von etwa 30 % im Tender einen besonderen Platz ein, weil sie sich im Gegensatz zu den meisten anderen Bietern hauptsächlich Material für den Weiterverkauf beschaffen. Sie bilden den institutionellen Rahmen für den Markt in Government Securities[145]. Sie sorgen dafür, daß besonders der große Kreis von Banken und Nichtbanken außerhalb von New York laufend Schatzwechsel und Anleihen kaufen und verkaufen kann, was über das vorherrschende filiallose Bankensystem[146] sonst kaum möglich wäre. Um die Bildung eines einheitlichen Marktes trotz der großen Entfernungen zu erleichtern, führen die Federal Reserve Banken telegrafische Übertragungen von Staatspapieren kostenlos oder zu niedrigen Gebühren in 35 Städten durch[147]. Die Bedeutung der Wertpapierhändler wird

---

[141] Douglas-Report ..., S. 29. *Nadler,* M., S. *Heller* und S. S. *Shipman:* The Money Market and its Institutions ..., S. 158 f.

[142] *Keir,* P. M.: The Open Market Policy Process. In: Federal Reserve Bulletin. October 1963. S. 1361. *Geisler,* R. P.: Notenbankverfassung und Notenbankentwicklung in USA und Westdeutschland. Berlin 1953. S. 125 f.

[143] *Rieber,* M.: Collusion in the Auction Market for Treasury Bills. In: The Journal of Political Economy. Vol. LXXX II (1964) S. 510.

[144] *Rieber,* M.: Collusion in the Auction Market for Treasury Bills ..., S. 509 f.

[145] Vgl. *Stadermann,* B.: Offenmarktgeschäfte als Instrument der Liquiditätspolitik. Frankfurt/M. 1961. S. 120 f.

[146] Vgl. *Willis,* J. B.: United States ..., S. 851 ff.

[147] Vgl. „Wie funktioniert die Offen-Markt-Politik in Amerika?" In: Blick durch die Wirtschaft v. 21. 12. 1964.

noch dadurch unterstrichen, daß die Zentralbank bei ihren Interventionen am offenen Markt nur mit ihnen kontrahiert[148]. Darüber hinaus haben die Nonbank Dealer im Zusammenhang mit dem Tender bestimmte Vergünstigungen. So brauchen sie bei der Abgabe von Geboten nicht den sonst üblichen Betrag von 2 % des gewünschten Übernahmevolumens als Sicherheit zu hinterlegen[149].

Außerdem haben die Händler die Möglichkeit, sich durch Repurchase Agreements mit der Notenbank Zentralbankgeld zu beschaffen, wenn es ihnen nicht gelingt, fristgerecht genügend Abnehmer für die ersteigerten Wertpapiere zu finden[150]. Im Rahmen dieser Vereinbarungen werden die Wertpapiere an die Zentralbank für maximal 15 Tage in Pension gegeben[151]. Der für den Kredit zu zahlende Zinssatz entspricht meistens dem Diskontsatz[152]. Die Kreditfazilität ermutigt die Händler zur Übernahme umfangreicherer Wertpapierbestände, weil sie notfalls auf den Notenbankkredit zurückgreifen können und deshalb geringe Kassenreserven unterhalten[153].

Obwohl die Nonbank Dealer zum Nichtbankensektor gehören, ist ein Teil der mit ihnen abgeschlossenen Offenmarktgeschäfte dem Bankensektor zuzuordnen, weil die übernommenen Papiere unter anderem an Kreditinstitute weitergegeben werden. Dagegen sind die übrigen Käufe und Verkäufe als Transaktionen mit Nichtbanken anzusehen. Das gilt auch für die Wertpapiere im Portefeuille der Händler, die fast zu 97 % über aufgenommene Gelder von Banken und Nichtbanken finanziert werden[154]. Die besondere Bedeutung der Offenmarktgeschäfte mit Nichtbanken für die Liquiditätspolitik ist schon früh erkannt worden: „Reserve Bank transactions in Government securities with nonbank investors have a direct effect on the volume of money which is independent of action by commercial banks. Even without a response by banks, therefore, the System is able to operate directly to change the quantity of money[155].“ Daher wurde der Absatz an Nichtbanken bewußt

---

[148] *Stadermann*, B.: Offenmarktgeschäfte als Instrument der Liquiditätspolitik ..., S. 120.

[149] „Wie funktioniert die Offen-Markt-Politik in Amerika?“

[150] *Chandler*, L. V.: The Economics of Money and Banking ..., S. 228 f.

[151] *Nadler*, M., S. *Heller* und S. S. *Shipman:* The Money Market and its Institutions ..., S. 161 f.

[152] *Chandler*, L. V.: The Economics of Money and Banking ..., S. 228.

[153] *Axilrod*, S. H. und J. *Krummack:* Federal Reserve Security Transactions, 1954—63 ..., S. 828.

[154] „Wie funktioniert die Offen-Markt-Politik in Amerika?“ Vgl. hierzu auch die statistischen Angaben z. B. im Federal Reserve Bulletin. January 1968. S. A-38.

[155] „The Monetary System of the United States.“ In: Federal Reserve Bulletin. February 1953. S. 109. Ähnlich *Hart*, A. G. und P. B. *Kenen:* Money Debt and Economic Activity ..., S. 91 f. sowie *Chandler*, L. V.: The Economics of Money and Banking ..., S. 205 f.

gefördert — u. a. mit der Einrichtung des Non-Competitive Tender. Mit welchem Erfolg diese Politik betrieben wird, geht aus dem hohen Anteil des Nichtbankensektors am Gesamtbestand der marktfähigen Wertpapiere mit einer Restlaufzeit von unter einem Jahr hervor, der sich am 31. Oktober 1967 auf 71 % (46,18 Mrd. $) belief, so daß das Bankensystem[156] nur 29 % (19,13 Mrd. $) hielt. Im mittel- und langfristigen Bereich ist der Anteil des Nichtbankensektors mit 56 % (52,42 Mrd. $) nicht so gravierend[157].

Das Gewicht des Nichtbankensektors für die Offenmarktpolitik wird noch dadurch verstärkt, daß ihre Zinsempfindlichkeit wie in England spürbar zunimmt. Deshalb werden die „nonbank institutions ... increasingly influenced by the effects of monetary policy“[158]. Die Notenbank kann so das Verhalten dieses Bereichs in ihrem Sinne beeinflussen, um die Liquiditätssalden je nach der verfolgten Kreditpolitik zu erhöhen oder zu senken.

In den USA wird besonders der Umfang der Free Reserves als Anhaltspunkt für die Liquiditätssituation des Bankensystems herangezogen[159]. Die Liquiditätsversorgung wird über Offenmarktoperationen so gesteuert, daß ein bestimmtes Verhältnis zwischen freien Reserven und Einlagen erreicht wird[160].

### *d) Die Struktur und Gestaltungsmöglichkeiten der Offenmarktpolitik mit Nichtbanken in Deutschland*

Der Überblick über die Offenmarktpolitik mit Nichtbanken in Deutschland und in den angelsächsischen Ländern zeigt, in wieviel stärkerem Maße England und die USA von diesem Instrument Gebrauch machen. In beiden Ländern ergab sich durch die umfangreiche Staatsschuld ein Zwang zu ständig wachsenden Offenmarktgeschäften, was gleichzeitig auch zu einer Erhöhung der Transaktionen mit Nichtbanken führte. Die Vorteile dieses kreditpolitischen Instruments sind so groß,

---

[156] Commercial Banks, Mutual Savings Banks, Savings and Loan Associations, ohne Federal Reserve Banks.

[157] Berechnet auf Grund der Angaben im Federal Reserve Bulletin. December 1967. S. 2111.

[158] „Monetary Policy and Economic Activity: A Postwar Review.“ In: Federal Reserve Bulletin. May 1967. S. 707.

[159] Vgl. *Guttentag,* J. M.: The Strategy of Open Market Operations. In: The Quarterly Journal of Economics. Vol. LXXX (1966). S. 4 ff.; *Keir,* P. M.: The Open Market Policy Process ..., S. 1366 ff.

[160] Vgl. *Davis,* R. G.: Open Market Operations, Interest Rates and Deposit Growth. In: The Quarterly Journal of Economics. Vol. LXXIX (1965). S. 432 ff. Kritisch äußert sich zu dieser Politik *Dewald,* W. G.: Free Reserves, Total Reserves, and Monetary Control. In: The Journal of Political Economy. Vol. LXXI (1963) S. 141 ff.

daß eine Aktivierung auch in Deutschland geboten erscheint, um die Liquiditätsversorgung der Kreditinstitute ausgeglichener zu gestalten und längerfristig sicherzustellen. Weder das englische noch das amerikanische Verfahren läßt sich einfach auf deutsche Verhältnisse übertragen. Aber die Beispiele zeigen doch, welche Bedingungen erfüllt sein müssen, um ein funktionsfähiges Instrument entwickeln zu können.

#### α) Die potentiellen Käufer des Nichtbankensektors

Eine wesentliche Voraussetzung für einen arbeitsfähigen Markt ist eine breite, finanzstarke Käuferschicht, die bereit ist, sich an Offenmarktgeschäften zu beteiligen. Nur wenn ausreichende freie Zahlungsmittel oder geldnahe Aktiva vorhanden sind, ergibt sich ein Ansatzpunkt für Offenmarktgeschäfte. Die Bedingung dürfte von dem gesamten Nichtbankensektor erfüllt werden, zumal die Finanzinstitutionen außerhalb des Bankensektors in den modernen Volkswirtschaften zulasten der Kreditinstitute immer mehr an Bedeutung gewinnen[161]. Mit diesem Prozeß dürfte auch eine steigende Zinsreagibilität verbunden sein, wie sie in England und den USA festgestellt werden konnte.

Die privaten Haushalte werden wahrscheinlich am langsamsten auf Offenmarktoperationen der Notenbank reagieren, weil dieser Teilbereich besonders dazu neigt, Wertpapiere als längerfristige Anlage zu betrachten, die erst bei Fälligkeit aufgelöst wird[162]. Andererseits haben die Spareinlagen, die für eine alternative Anlage in Geldmarktpapieren am ehesten in Frage kommen, mit 133 Mrd. DM im Dezember 1967[163] eine solche Höhe erreicht, daß es für zahlreiche Privathaushalte interessant wird, die Verzinsung konkurrierender Anlageformen genauer zu prüfen und evtl. Umdispositionen vorzunehmen. Länger laufende Offenmarkttitel wie zweijährige unverzinsliche Schatzanweisungen oder Kassenobligationen kommen hierfür durchaus in Betracht.

Die Wirtschaftsunternehmen dürften den größten potentiellen Käuferkreis für Geldmarktpapiere stellen. Köhler weist aber auf die Schwierigkeiten hin, die sich aus dem prozyklischen Verlauf des Geld- und Kreditbedarfs dieses Sektors ergeben. Die Unternehmen werden z. B. in der Hochkonjunktur ihre freien Mittel bevorzugt für die Erneuerung und Erweiterung ihrer Kapazitäten und die Stärkung der Betriebsmittel einsetzen, so daß die Absatzchancen von Offenmarkt-

---

[161] *Hahn:* Interne Liquiditätsprobleme. In: Beihefte der Konjunkturpolitik. Heft 11: Konjunkturpolitische Einwirkungsmöglichkeiten. Berlin 1965. S. 30. Ähnlich Bank für internationalen Zahlungsausgleich. 27. Jahresbericht (1956/57). S. 70.

[162] Vgl. *Weise*, H.: Probleme der Geld- und Kreditpolitik im Lichte des Radcliffe-Reports ..., S. 130.

[163] Monatsberichte der Deutschen Bundesbank. Statistischer Teil III. A. 8.

titeln gerade in dieser wichtigen Konjunkturphase fallen werden[164]. Dabei ist allerdings zu berücksichtigen, daß die Bestände an Zahlungsmitteln und leicht liquidisierbaren Aktiva ungleichmäßig verteilt sind. So werden im allgemeinen immer Betriebe mit freien Mitteln vorhanden sein, die für eine Wertpapieranlage in Frage kommen — auch wenn der von Köhler aufgezeigte Trend grundsätzlich wirksam bleibt.

Die freien Finanzmittel der Unternehmen schlagen sich hauptsächlich in den Termineinlagen nieder. Sie werden durch diese Einlagenform dem Zahlungsverkehr entzogen, um eine zeitlich befristete, rentable Anlage zu ermöglichen. Die Entwicklung der Termineinlagen von Wirtschaft und Privaten — eine Trennung wird in den Statistiken der Bundesbank nicht vorgenommen, doch dürfte der Anteil der Privaten gering sein, weil bei ihnen die Spareinlagen dominieren — weist eine ständig steigende Linie auf. Die Zuwachsraten waren in den Jahren 1966/67 besonders hoch, was im wesentlichen auf die zunächst beschränkte und dann vollständige Zinsliberalisierung zurückzuführen ist[165].

Die Termingelder der Wirtschaftsunternehmen und Privaten weisen folgende Laufzeiten auf:

*September 1967*

| | | |
|---|---|---|
| bis 6 Monate | 8,36 Mrd. DM | 36,1 % |
| bis zu 1 Jahr | 6,16 Mrd. DM | 26,6 % |
| bis zu 2½ Jahren | 6,27 Mrd. DM | 27,1 % |
| darüber | 2,37 Mrd. DM | 10,2 % |
| insgesamt | 23,16 Mrd. DM | [166]100,0 % |

Der Umfang der Guthaben und die Fristenstruktur lassen vermuten, daß ein größerer Teil für die Offenmarktpolitik nutzbar gemacht werden kann[167], selbst wenn zu berücksichtigen ist, daß bei der Wahl der Anlageform neben Zinsüberlegungen auch persönliche Bindungen eine Rolle spielen, die gerade in dem Verhältnis zwischen den Geschäftsbanken und ihren Kunden nicht unterschätzt werden dürfen.

---

[164] *Köhler,* Cl.: Der Geldkreislauf ..., S. 92.

[165] „Die Entwicklung der Termineinlagen unter dem Einfluß der partiellen Zinsfreigabe vom März 1965 und Juli 1966." In: Monatsberichte der Deutschen Bundesbank. März 1967. S. 3 ff. und Statistischer Teil III. A. 8.

[166] Monatsberichte der Deutschen Bundesbank. Januar 1968. Statistischer Teil III. A. 9.

[167] *Pfleiderer,* O.: Offenmarktpolitik ..., S. 77.

Die Kreditinstitute haben aber im Wettbewerb mit der Bundesbank um die flüssigen Mittel der Einleger eine ungünstige Position: Sie fragen mit Geldern aus dem Einlagengeschäft u. a. Offenmarktpapiere nach, die sie zu den gleichen Konditionen kaufen können wie Nichtbanken. Da sie jedoch Mindestreserven unterhalten und die Geschäftskosten decken müssen, können sie an die Einleger nur einen niedrigeren Zinssatz zahlen, so daß es für die Nichtbanken günstiger ist, sich Geldmarktpapiere zu beschaffen, um die Zinsspanne der Banken zu umgehen.

Schließlich können solche Wertpapiere bei Liquiditätsbedarf vor Fälligkeit mit nur geringen Zinsverlusten wieder verkauft werden. Dagegen wird der vorzeitige Rückruf von Termineinlagen möglichst vermieden, weil meistens Strafzinsen berechnet werden und bei der nächsten Termineinlage eventuell nur ungünstigere Konditionen vereinbart werden können.

Ergänzend ist auf die privaten Versicherungsunternehmen als Untergruppe der Wirtschaftsunternehmen hinzuweisen, weil hier die zyklischen Geldbedarfsschwankungen nicht auftreten. Allerdings unterhalten sie nur einen relativ kleinen Bestand an Transaktionsmitteln, um den laufenden Auszahlungsbedarf zu decken, während die Rücklagen vorwiegend langfristig angelegt werden[168]. Ob die im Jahre 1966 gesammelten schlechten Erfahrungen mit kursempfindlichen Rentenpapieren zu einer Änderung der Anlagepolitik bei einem zinsgünstigen Angebot von Offenmarkttiteln führen, ist noch ungewiß, da sich das Angebot bisher nur auf Kassenobligationen beschränkte.

Der öffentliche Bereich wird im wesentlichen durch die Sozialversicherungen repräsentiert, da die Gebietskörperschaften enge Beziehungen zu den eigenen Kreditinstituten unterhalten und dort ihre Kassenmittel einlegen.

Die Arbeitslosenversicherung ist wegen ihres antizyklischen Zahlungsmittelbedarfs ein idealer Partner im Offenmarktgeschäft: Im Aufschwung und der Hochkonjunktur überwiegen die Kasseneingänge. Sie führen zu einem entsprechenden Anlagebedarf, während im Konjunkturtief die Auszahlungen dominieren und Aktiva liquidisiert werden müssen. Diese Rolle als „Built-in-Stabilizer" ist aber bisher wenig zur Geltung gekommen. Wie aus einer Vermögensübersicht hervorgeht, waren von den Rücklagen in Höhe von 6 289 Mio. DM (September 1967) nur 450 Mio. DM, also 7,2 %, in Geldmarktpapieren angelegt[169]. Außer-

[168] Vgl. Monatsberichte der Deutschen Bundesbank. Statistischer Teil V. 20. Geldmittel und Vermögensanlagen der Versicherungsunternehmen.

[169] „Vermögensbildung und Anlagepolitik der Arbeitslosenversicherung". In: Monatsberichte der Deutschen Bundesbank. November 1967. S. 26.

dem wurde dieser Bestand erst durch eine Erhöhung um 100 Mio. DM von Januar bis September 1967 erreicht, also in einer Periode, als sich die Kreditpolitik um eine Verflüssigung des Bankenapparates bemühte.

Überhaupt wurde die bisherige Anlagepolitik im wesentlichen nach betriebswirtschaftlichen Grundsätzen betrieben, indem eine möglichst hohe Rentabilität bei gleichzeitig schneller Realisierbarkeit der Aktiva angestrebt wurde[170]. Dies kommt z. B. in dem umfangreichen Bestand an Wertpapieren (1 474 Mio. DM) und Bankeinlagen (1 880 Mio. DM) zum Ausdruck. Ein Verkauf von Rentenpapieren im Konjunkturabschwung belastet den Kapitalmarkt und führt der Wirtschaft per Saldo keine neuen Mittel zu[171]. Eine gewisse Änderung sieht nun der Entwurf des Arbeitsförderungsgesetzes vor: „Ein Teil der Rücklage ist als Schwankungsreserve so anzulegen, daß die Mittel innerhalb von zwei Jahren fällig werden. Die Schwankungsreserve soll in Zeiten günstiger Arbeitsmarktlage einschließlich der benötigten Betriebsmittel fünfzig vom Hundert der Rücklage, mindestens einen Betrag, der zwei vom Hundert der Arbeitsentgelte entspricht, die der Berechnung der Beiträge zur Bundesanstalt im letzten Kalenderjahr zugrunde gelegen haben, erreichen.“[172] Zwei Drittel dieser Reserve — im November 1967 waren das etwa 3 Mrd. DM — soll im Einvernehmen mit der Bundesbank ständig in Geldmarktpapieren unterhalten werden. Damit würde die Form der Reservehaltung viel stärker durch kreditpolitische Überlegungen bestimmt und das zeitlich begrenzte und auf Ausnahmesituationen zugeschnittene Verfahren nach dem Stabilisierungsgesetz durch einen kontinuierlichen Anlageprozeß abgelöst[173].

Die Einnahmen- und Ausgabenstruktur der Rentenversicherungen wird durch die konjunkturelle Entwicklung relativ wenig geprägt. Aber auch hier ließe sich die Anlagepolitik über Geldmarktpapiere weit mehr mit der Kreditpolitik abstimmen, als das bisher der Fall war. Wie notwendig das ist, geht bereits aus den Schwierigkeiten hervor, die die Finanzierung der Auszahlungsüberschüsse 1967/68 über einen Vermögensabbau verursachte. Größere Wertpapierbestände mußten verkauft werden, die sich im Jahre 1967 bei den Sozialversicherungen zusammen auf 1,5 Mrd. DM beliefen und den Kapitalmarkt entsprechend be-

[170] Vgl. „Die reiche Arbeitslosenversicherung ... und ihre Anlagepolitik.“ In: ZKW. 21. Jahrg. (1968). S. 64 f.

[171] *Lampert,* H.: Probleme der Konjunkturstabilisierung durch die Arbeitslosenversicherung — ein Beitrag zur Reform der Arbeitslosenversicherung. In: Finanzarchiv. Band 22 (1962/63). S. 283 f.

[172] § 215, Abs. 1 Entwurf eines Arbeitsförderungsgesetzes (AFG). BT-Drucksache V/2291.

[173] „Vermögensbildung und Anlagepolitik der Arbeitslosenversicherung“..., S. 28.

lasteten[174]. Am Gesamtvermögen von 16 252 Mio. DM Ende 1965 waren die längerfristigen Wertpapiere mit 5 327 Mio. DM und die Einlagen im Bankensystem mit 3 137 Mio. DM beteiligt, während die Offenmarkttitel lediglich 74 Mio. DM (0,46 %) ausmachten. Wieviel einfacher und der kreditpolitischen Lage angemessener wäre in dieser Phase ein Verkauf von Offenmarkttiteln an die Bundesbank gewesen. Auch der inzwischen gewählte Ausweg über eine vorzeitige Rückgabe von Schuldbuchforderungen an den Bund führt nicht zu einer Liquidisierung des Bankensystems, da nun der Bund auf eine Refinanzierung am Geld- und Kapitalmarkt angewiesen ist[175].

### β) Die Geldmarktpapiere und das Problem ihrer Verteilung im Nichtbankensektor

Eine wichtige Voraussetzung für eine wirksame Offenmarktpolitik ist ein ausreichendes Angebot an verschiedenartigen Papieren, um den Bedürfnissen der Anleger zu entsprechen. Im Vordergrund stehen Schatzwechsel und unverzinsliche Schatzanweisungen sowie Privatdiskonten und Vorratsstellenwechsel. Im August 1967 ist dieser Katalog um Kassenobligationen des Bundes mit Restlaufzeiten von 1½ Jahren erweitert worden.

Entscheidend für die Beurteilung der einzelnen Offenmarktpapiere sind deren Liquiditätswirkungen, die aufgrund der jeweiligen Verwendung ihrer Gegenwerte nicht gleich sind. Der Erlös für die Mobilisierungs- und Liquiditätspapiere wird bei der Bundesbank stillgelegt, während er bei allen anderen Titeln dem Emittenten zufließt oder bereits zugeflossen ist. Die Ausgabe neutralisiert dann eine vorangegangene Erhöhung der Liquiditätssalden, oder sie bewirkt zunächst eine Abnahme, die später durch die Verausgabung der Offenmarkterlöse rückgängig gemacht wird.

Von den Geldmarktpapieren sind dem Nichtbankensektor mit Ausnahme der Öffentlichen Hand bisher nur die Kassenobligationen zugänglich gewesen. Um den Nichtbanken einen größeren Anreiz zu bieten, müßte das Angebot auf alle vorhandenen Geldmarkttitel ausgedehnt werden. Das Volumen der einsetzbaren Papiere ist relativ groß. Allein die Mobilisierungs- und Liquiditätspapiere übersteigen 16 Mrd. DM[176]. Außerdem können Kassenobligationen praktisch unbegrenzt emittiert werden, so daß sich für den Absatz genügend Titel beschaffen lassen. Anders ist aber die Situation für den Ankauf durch die Zentralbank. Da bisher keine Geldmarktpapiere an den Nichtbankensektor ab-

---

[174] Geschäftsbericht der Deutschen Bundesbank für das Jahr 1967. S. 69.
[175] „Rentenversicherung: Keine weiteren Verkäufe." In: HB vom 4. 4. 1968.
[176] §§ 42 und 42 a BBankG.

gegeben wurden und sich der Bestand an Kassenobligationen dieses Bereichs lediglich auf 1,69 Mrd. DM (Januar 1968) beläuft[177] — wobei nur ein Teil die Restlaufzeit von 1½ Jahren aufweist —, ist eine expansive Offenmarktpolitik kaum möglich. Die Bundesbank zog aus diesem Dilemma die Konsequenzen, indem sie seit August 1967 zur Erhöhung der Bankenliquidität Anleihen des Bundes für eigene Rechnung kaufte, weil sich davon auch genügend bei Nichtbanken befanden.

Eine Liquiditätsversorgung könnte längere Zeit auf diesem Wege fortgesetzt werden, zumal gemäß § 21 BBankG alle zum amtlichen Börsenhandel zugelassenen Schuldverschreibungen ankaufsfähig sind. Eine Ausweitung auf Aktien, wie sie Rittershausen in der Zukunft für möglich hält[178], wird auf absehbare Zeit nicht akut werden.

Unter dem Eindruck einer anhaltenden Liquidisierung des Bankenapparates über die Zahlungsbilanz wurde angeregt, nach dem Vorbild der Schweiz[179] Offenmarktpolitik mit Gold zu betreiben[180]. Kontraktive Wirkungen ließen sich damit sicherlich erzielen. Ob aber der Vorgang reversibel ist — was ja Voraussetzung für eine flexible Offenmarktpolitik ist — muß bezweifelt werden. Außerdem ist der Goldpreis immer wieder Gegenstand der Spekulation, so daß Käufe und Verkäufe hierdurch wesentlich bestimmt würden — unabhängig von der jeweils verfolgten Geldmarktpolitik.

### γ) Der organisatorische Rahmen des offenen Marktes

Die angelsächsischen Geldmärkte haben im Gegensatz zu Deutschland in den Diskonthäusern bzw. den Wertpapierhändlern besondere Institutionen, die den Mittelpunkt der Märkte bilden und in dieser Eigenschaft Angebot und Nachfrage zusammenfassen und auszugleichen suchen. Selbst wenn ein wesentlicher Teil des Erstabsatzes nicht über diesen Markt läuft — wie in den USA[181] —, so stellt er dennoch das Barometer für die Kursentwicklung dar. Er sichert die jederzeitige Kauf- und Verkaufmöglichkeit aller Titel und damit deren leichte Liquidisierbarkeit.

---

177 Monatsberichte der Deutschen Bundesbank. Statistischer Teil III. A. 2. a und VI. 6.

178 Rittershausen geht von einer kaum wachsenden Staatsverschuldung aus: *Rittershausen*, H.: Die Zentralnotenbank . . ., S. 193 ff.

179 *Veit*, O.: Grundriß der Währungspolitik . . ., S. 270.

180 *Jenkis*, H.: Die importierte Inflation. Meisenheim am Glan 1966. S. 146 ff. Ähnlich würde sich der Vorschlag auswirken, Gold wieder in Umlauf zu bringen: *Zimmerer*, C.: Gold wieder Umlaufs-Münzmetall? In: ZKW 20. Jahrg. (1967). S. 1100.

181 *Rieber*, M.: Collusion in the Auction Market for Treasury Bills . . ., S. 510.

In Deutschland gibt es am offenen Markt keine vergleichbare Zwischeninstanz: Alle Umsätze laufen über die Notenbank. Lediglich am Privatdiskontmarkt übt die Privatdiskont AG die Funktion eines Maklers aus, der aber bei einem unausgeglichenen Markt sofort auf die Refinanzierungshilfe der Zentralbank angewiesen ist, da keine ausreichenden eigenen Mittel zur Verfügung stehen[182]. Der Plan zur Gründung einer Bank für Kassenobligationen[183] wurde bisher nicht verwirklicht, wahrscheinlich weil auch hier die Kapitalbasis zu gering bemessen und die Bindungen des Instituts an die übrigen Banken zu eng gewesen wären.

Die bisherige Organisation des offenen Marktes könnte bei Ausdehnung der Operationen auf den gesamten Nichtbankenbereich bestehen bleiben, zumal die Bundesbank über ein ausgedehntes Zweigstellennetz verfügt, um direkt mit den Käufern und Verkäufern in Verbindung zu treten. Andererseits gewährt die Einschaltung besonderer Einrichtungen der Zentralbank größere Bewegungsfreiheit, weil sie nicht an dem unmittelbaren Geschehen beteiligt ist und mit gewissem Abstand den Marktverlauf beobachten kann. Dies ist um so mehr notwendig, als an den voll entwickelten Märkten erhebliche Umsätze getätigt werden, die einen entsprechenden technischen Apparat erfordern. So haben z. B. in England „die Staatspapiere mit einer Laufzeit von unter fünf Jahren im Jahre 1958 zu 195 % ihre Eigentümer gewechselt, was ein Licht auf die Geschäftstätigkeit der dortigen Geldmarkthäuser wirft“[184]. Hinzu kommt, daß die Marktteilnehmer die Möglichkeit haben müssen, unter den Papierarten und Laufzeiten zu wählen, während die Notenbank je nach ihren kreditpolitischen Absichten nur bestimmte Offenmarkttitel abgeben wird. Die Einrichtungen übernehmen dann mit Hilfe eines eigenen Portefeuilles die Abstufungen der Restlaufzeiten, so daß den Bedürfnissen von Käufern und Verkäufern besser Rechnung getragen wird. Heute fehlt selbst unter den Kreditinstituten ein Handel in Geldmarktpapieren, so daß dem jetzigen System eine gewisse Schwerfälligkeit anhaftet. Sehr kurzfristige Gelder werden deshalb bevorzugt im Geldhandel eingesetzt. Dagegen kommt es aber bei den Offenmarkttransaktionen mit Nichtbanken darauf an, auch Anlagen für wenige Tage in Papieren zu fördern, was nur mit einem entsprechenden Sortiment an Geldmarkttiteln gelingt.

Die Ausgestaltung der Markteinrichtungen läßt im einzelnen zahlreiche Lösungen zu. In jedem Fall kann diese Aufgabe aber nur von

---

[182] Bei einer Bilanzsumme von nur 5,86 Mio. DM im Geschäftsjahr 1966 belief sich der Wechselbestand auf 0,6 Mio. DM. Außerdem sind 50 % des Stammkapitals von 5 Mio. DM nicht eingezahlt. „Der Markt blieb keine Einbahnstraße.“ In: HB vom 30. 6./1. 7. 1967.

[183] „Bank für Kassenobligationen in Sicht.“ In: HB vom 11./12. 8. 1967.

[184] *Rittershausen,* H. Die Zentralnotenbank ..., S. 188.

einem oder mehreren Instituten wahrgenommen werden, wenn diese über umfangreiche eigene oder fremde Mittel verfügen, um stabilisierend zu wirken. Außerdem muß ein solches Institut unabhängig von den Banken sein, da diese sonst versuchen könnten, die Offenmarktgeschäfte mit Nichtbanken zu hintertreiben, um keine Konkurrenz zum eigenen Einlagengeschäft entstehen zu lassen.

Das Marktgeschehen wird auch durch die Verkaufsform der Geldmarktpapiere beeinflußt. Die Bundesbank setzt bei den Schatzwechseln, unverzinslichen Schatzanweisungen und Vorratsstellenwechseln die Verkaufssätze fest und überläßt es dann den Nachfragern, inwieweit sie von dem Angebot Gebrauch machen. Die Rücknahmesätze liegen in einem variablen Abstand über den Abgabesätzen. Die Spanne richtet ... „sich nach der jeweiligen Marktlage und nach dem Typ der Papiere ...“[185]. Mit diesem Verfahren läßt sich zwar die Zinshöhe am offenen Markt relativ genau bestimmen, weil kein Marktteilnehmer zu ungünstigeren Bedingungen einkauft bzw. verkauft. Die Liquiditätswirkungen sind jedoch nicht genau voraussehbar. Dagegen bedeutet die Ausschreibung eines festen Betrages zu einem nicht fixierten Zinssatz, daß bei einer vollen Zeichnung die Bankenliquidität um das an Nichtbanken abgesetzte Volumen abnimmt. Da die Kreditpolitik in erster Linie den Umfang der liquiden Mittel steuern will, sollte dem direkten Weg in Form der Mengenfixierung der Vorrang gegenüber dem indirekten Weg der Preisfixierung eingeräumt werden.

### 3. Die Einlagen/Schuldenpolitik

Die Einlagen/Schuldenpolitik ist unter kreditpolitischen Aspekten als Einheit anzusehen, weil Einlagendisposition und Schuldengestaltung gemeinsam dazu dienen, mit Hilfe der Kassenführung der Öffentlichen Hand eine Veränderung der Liquiditätssalden der Banken herbeizuführen. Welche Politik jeweils zum Zuge kommt, hängt von der Richtung der herbeizuführenden Liquiditätsströme, den Beständen auf den öffentlichen Konten und deren Verteilung sowie von der jeweiligen Verschuldung gegenüber der Notenbank ab. Dabei ist es aus der Sicht der Kreditinstitute unerheblich, ob z. B. Zuflüsse durch eine Verlagerung von Sichtguthaben des Staates von der Notenbank auf die Kreditinstitute zustande kommen oder mit der Aufnahme von Krediten des Staates bei der Notenbank in Verbindung stehen — jedesmal erhöhen sich die Liquiditätssalden. Dagegen stellen diese Vorgänge für den Fiskus unter haushaltsrechtlichen Gesichtspunkten unterschiedliche Tatbestände dar, so daß eine getrennte Erörterung sachgerecht erscheint,

[185] Geschäftsbericht der Deutschen Bundesbank für das Jahr 1967. S. 43.

zumal sich der Kreis der Beteiligten bei der Einlagenpolitik nicht mit dem bei der Schuldenpolitik deckt.

### *a) Die Einlagenpolitik*

Die Vorschriften des Bundesbankgesetzes über die Einlegepflicht bestimmter öffentlicher Stellen[186] haben nicht zur Entwicklung eines voll einsatzfähigen kreditpolitischen Instruments geführt, weil das Gesetz das Schwergewicht auf die Sterilisierung von Geldern bei der Notenbank gelegt hat[187], während die Freigabe solcher Mittel zur Anlage im Bankensystem nur auf Antrag der jeweiligen Girokonteninhaber möglich ist. Der Gesetzgeber entschied sich u. a. deshalb für dieses Verfahren, weil nach Meinung der Regierung die für eine dezentrale Haltung der öffentlichen Gelder bei den Kreditinstituten notwendigen haushaltsrechtlichen, technischen, bonitäts- und liquiditätsmäßigen Vorbedingungen noch nicht erfüllt waren[188]. Trotz mehrerer Vorschläge[189] sind mit der Neufassung von Art. 109 GG[190], dem Stabilisierungsgesetz und dem Entwurf eines Arbeitsförderungsgesetzes[191] im kreditpolitischen Bereich nur geringe Fortschritte erzielt worden, obwohl eine Stärkung der Einlagenpolitik zulasten des Marktfaktors „Öffentliche Kassentransaktionen" immer notwendiger wird: Die absoluten Schwankungen der Liquiditätssalden werden aufgrund des steigenden Steueraufkommens ständig größer. Nach Schätzungen aus dem Jahre 1965 verliert das Bankensystem zu den großen Steuerterminen innerhalb weniger Tage 7 bis 8 Milliarden DM[192]. Inzwischen dürfte sich dieser Betrag noch erhöht haben.

Die Einführung einer Schonfrist von 5 Tagen bei fälligen Steuern durch § 1 Abs. 1 Verordnung zum Steuersäumnisgesetz[193] hat nur zu

---

[186] § 17 BBankG.

[187] Der Gesetzgeber stand damals unter dem Eindruck hoher Zahlungsbilanzüberschüsse und der davon ausgehenden Inflationsgefahr. Die Ansammlung von Guthaben bei der Notenbank als Gegengewicht zu dieser Bedrohung beherrschte deshalb die Überlegungen. *Schmölders*, G.: Geldpolitik ..., S. 224 f.

[188] So die Begründung zum Entwurf eines Gesetzes über die Deutsche Bundesbank. BT-Drucksache II/2781. S. 29.

[189] Z. B. *Muthesius*, V.: Die Springflut der öffentlichen Gelder. In: ZKW. 15. Jahrg. (1962). S. 867 f. „Das ‚museumsreife' öffentliche Kassenwesen." In: ZKW. 17. Jahrg. (1964). S. 1045. Bundesverband des privaten Bankgewerbes. Jahresberichte 1954 S. 51 f.; 1955 S. 49 ff.; 1961 S. 47; 1966/67 S. 19.

[190] Fünfzehntes Gesetz zur Änderung des Grundgesetzes vom 8. Juni 1967. BGBl. I S. 581.

[191] BT-Drucksache V/2291.

[192] „Wellenbrecher gegen Steuergeldwogen." In: ZKW. 18. Jahrg. (1965). S. 58. *Muthesius*, V.: Die Springflut der öffentlichen Gelder ..., S. 867.

[193] Verordnung zum Steuersäumnisgesetz vom 15. August 1961. BGBl. I S. 1299.

einer graduellen Abflachung der Einzahlungsspitze geführt. Vorher war ein Säumniszuschlag bereits dann verwirkt, wenn eine Steuer nicht bis zum Ablauf des Fälligkeitstages entrichtet wurde[194].

## α) Der Kreis der beteiligten fiskalischen Instanzen

Die Wirksamkeit der Einlagenpolitik hängt von der Zahl der erfaßten Stellen und deren Finanzvolumen ab. Allerdings erscheint es wenig sinnvoll, sämtliche öffentlichen Körperschaften einzubeziehen, da die meisten von ihnen gesamtwirtschaftlich unbedeutend sind. Sie würden die technische Abwicklung unnötig erschweren, ohne das Gesamtergebnis entsprechend zu beeinflussen. Daher ist es ausreichend, nur die wichtigsten Haushalte heranzuziehen. Eine Beschränkung auf den Bundeshaushalt, wie in den Vereinigten Staaten[195], wäre dagegen nicht angebracht. Dort belaufen sich nämlich die Ausgaben der Zentralregierung auf 70,2 % (1954) des gesamten Ausgabevolumens der Gebietskörperschaften, während dieser Satz in Deutschland bei 55,8 % (1952)[196] liegt. In der Bundesrepublik werden erst unter Berücksichtigung der Länder 77 % erreicht[197].

Neben dem Bund, dem Ausgleichsfonds, dem ERP-Sondervermögen und den Ländern sollten auch die Sozialversicherungsträger an der Einlagenpolitik beteiligt werden, soweit ihre freien Kassenmittel nicht über Offenmarktoperationen gebunden werden können, wie das z. B. im Entwurf des Arbeitsförderungsgesetzes[198] geplant ist. Denn es besteht kein wesentlicher Unterschied, ob Sichteinlagen der Nichtbanken durch Offenmarkttitel oder durch Überweisung der Beträge auf Konten der Notenbank den Kreditinstituten entzogen werden. Für die betroffenen Anstalten ist zweifellos die Anlage in Geldmarktpapieren ertragsmäßig günstiger. Es erscheint aber zu weitgehend, die Sozialversicherungsträger deshalb von der Einlegepflicht zu entbinden, weil sie auf eine möglichst hohe Verzinsung der Gelder angewiesen seien[199]. Ertragsüber-

---

[194] § 1 Abs. 1 Steuersäumnisgesetz (Steueränderungsgesetz vom 20. Juli 1961. BGBl. I S. 981 und S. 993).

[195] *Seidel*, H.: Öffentliche Einlagen: Beispiel USA. In: ZKW. 7. Jahrg. (1954). S. 176.

[196] Einschließlich Lastenausgleichsfonds.

[197] *Albers*, W.: Der Umfang der staatlichen Tätigkeit und ihre wirtschaftlichen Wirkungen. In: Weltwirtschaftliches Archiv. Bd. 77 (1956). S. 180. — Auf der Einnahmenseite ist der Anteil des Bundes mit 62 % und der der Länder mit 27 % dagegen spürbar höher. Bis 1966 ging der Anteil des Bundes auf 55 % zurück, während die Einnahmen der Länder um den gleichen Satz zunahmen. (Errechnet nach den Angaben in den Monatsberichten der Deutschen Bundesbank. Statistischer Teil IV. 1.)

[198] § 215 Abs. 2.

[199] So *Beck*, H.: Gesetz über die Deutsche Bundesbank ..., S. 301. Vgl. auch Bundesverband des privaten Bankgewerbes. Bericht über das Geschäftsjahr

legungen sollten hier aber wie beim Bund und den Ländern zurückgestellt werden. Deshalb wollte der Bundesrat bereits bei den Beratungen zum BBankG die Sozialversicherungen in die Einlegepflicht mit einbeziehen, um eine möglichst breite Basis für die Einlagenpolitik zu schaffen[200]. Andererseits sollte auf die Heranziehung der größten Gemeinden trotz ihres hohen Finanzaufkommens verzichtet werden, um die Flexibilität der Einlagenpolitik zu erhalten[201].

Die Vorschriften von § 17 BBankG müßten in Bezug auf die beteiligten Stellen dahingehend geändert werden, daß sich die Einlegepflicht auch auf die Sozialversicherungsträger erstreckt. Die bisher von der Bundesbank zu nehmende Rücksicht auf die Interessen der Länder an der „Erhaltung ihrer Staats- und Landesbanken" ist nicht angebracht[202], da diese Kreditinstitute genauso behandelt werden sollten wie alle anderen Geschäftsbanken. Außerdem kann sich eine solche Bestimmung u. U. als Hemmschuh für die Kreditpolitik erweisen[203].

### β) Das Problem der zentralen und der dezentralen Kassenhaltung

Neben dem Kreis der unter die Einlegepflicht fallenden öffentlichen Körperschaften spielt auch die Art und Weise der Kontenführung eine erhebliche Rolle. Bisher wurde die Kassenhaltung im wesentlichen zentral bei der Notenbank durchgeführt. Die Einlagenpolitik lief praktisch auf ein Einlagenmonopol der Zentralbank hinaus[204]. Der an sich mögliche und anzustrebende Weg einer Mischung von zentraler und

---

1955. S. 79. Hofmann lehnt eine Erfassung der Sozialversicherungen u. a. deshalb ab, weil deren Gelder „Bestandteile des allgemeinen Geld- und Kapitalmarktes geworden" sind. *Hofmann,* W.: Die öffentlichen Gelder im Bundesbankgesetz. In: ZKW. 9. Jahrg. (1956). S. 310.

[200] Entwurf eines Gesetzes über die Deutsche Bundesbank ..., S. 59.

[201] Anderer Meinung ist Metze, der auch die Gemeinden der Einlegepflicht unterwerfen möchte und eine Revision von § 14 Rücklagenverordnung und § 20 Kassen- und Rechnungsverordnung der Gemeinden für unumgänglich hält, da diese Bestimmungen eine ertragbringende Anlage von Rücklagemitteln und zeitweilig nicht benötigten Kassenbeständen vorschreiben. *Metze,* I.: Die Wirkungen staatlicher Tätigkeit auf die Liquidität ..., S. 151 f.

[202] *Metze,* I.: Die Wirkungen staatlicher Tätigkeit auf die Liquidität ..., S. 151.

[203] Nach der Begründung zu § 13 (Einlagenpolitik) im Entwurf eines Gesetzes über die Deutsche Bundesbank wird mit Recht in „der Anhäufung öffentlicher Gelder bei wenigen Instituten und der daraus folgenden relativen Immunisierung dieser Institute gegen quantitative Maßnahmen der Notenbank" eine „Störung der Währungspolitik" und ein Verstoß gegen „die bankpolitisch erwünschte gleichmäßige Behandlung aller Sparten der Kreditinstitute seitens der öffentlichen Hand" gesehen. Entwurf eines Gesetzes über die Deutsche Bundesbank ..., S. 29.

[204] *Greitemann,* G.: „Vollbewegliche" Einlagen-Politik. In: ZKW. 20. Jahrg. (1967). S. 943.

dezentraler Kassenhaltung[205] wurde nicht eingeschlagen. Die Einlagenpolitik ließe sich auf der Grundlage des geltenden Rechts wesentlich ändern, wenn die Notenbank zusammen mit den Einlegern die Möglichkeiten einer anderweitigen Anlage von Guthaben je nach der kreditpolitischen Situation stärker ausschöpfen würde.

Die Ausnahmeregelung wurde in der Vergangenheit meistens dazu benutzt, den Ländern Globalkontingente einzuräumen, innerhalb derer Einlagen mit maximalen Laufzeiten von 12 Monaten bei den Staats- und Landesbanken unterhalten werden durften[206]. Dieser Rahmen wurde regelmäßig — soweit die Kassenmittel der Länder ausreichten — voll ausgenutzt. Aufgrund dieses Verhaltens änderte sich an den Schwankungen der Guthaben auf den Konten der Zentralbank nichts. Nur das Niveau der Sichteinlagen wurde um die Höhe der Kontingente nach unten verschoben.

Zu einer aktiven Einlagenpolitik ist ein umgekehrtes Vorgehen notwendig, indem nach Maßgabe der jeweiligen Liquiditätslage ein bestimmter Block von Guthaben bei der Notenbank festgelegt wird, während die Hausbanken die laufenden Konten führen. Statt dessen sahen die Länder in den zugestandenen Kontingenten ausschließlich ein Mittel, den eigenen Instituten Zentralbankgeld zur Verfügung zu stellen und gleichzeitig eine Verzinsung ihrer Guthaben zu erreichen.

Aber selbst wenn die Länder zusammen mit ihren Hausbanken eine flexiblere Einlagenpolitik betrieben hätten, wäre es nicht zu einem vollständigen Ausgleich der durch die Steuerzahlungen an die Länder hervorgerufenen Liquiditätswirkungen gekommen. Zwar hätte sich der Liquiditätssaldo des Bankensystems durch Sammlung der Steuergelder bei den Landesbanken insgesamt nicht verändert. Ein Teil dieser Mittel würde auch sicherlich über den Geldmarkt an die übrigen Banken zurückfließen. Die Landesbanken würden aber — angeregt durch die hohen liquiden Mittel, besonders wenn Guthaben für längere Zeit stehen bleiben — versuchen, ihre Kredite an Nichtbanken auszudehnen. Die anderen Geschäftsbanken müßten dann wie bisher bei den Steuerterminen einen Verlust an Zentralbankgeld hinnehmen. Eine Reform der Einlagenpolitik muß daher auch eine gleichmäßige Behandlung des gesamten Bankensystems gewährleisten.

---

205 *Dreißig*, W.: Die öffentlichen Einlagen. In ZKW. 6. Jahrg. (1953). S. 677 f. Soweit wie Stucken sollte man jedoch nicht gehen, der keine „sinnvolle Begründung für die These" sieht, „daß der Staat Kassenreserven bei der Notenbank zu halten habe". *Stucken*, R.: Unterschiede bei der Rücklagen- und Schuldenpolitik des Staates und der Gemeinden. In: Finanzarchiv. Bd. 20 (1959/60). S. 95.

206 *v. Spindler*, J., W. *Becker* und O.-E. *Starke:* Die Deutsche Bundesbank..., S. 201.

Das Gegenstück zu der überwiegend zentralen Kontenführung in Deutschland ist das dezentrale Verfahren in den USA. Hier werden sogenannnte Steuer- und Anleihekonten (Tax and Loan Accounts) des Staates bei etwa 11 300 Kreditinstituten geführt[207], so daß zu den Steuerterminen und beim Absatz von Regierungsanleihen lediglich Umbuchungen zwischen den Konten der Zahlungspflichtigen und des Staates vorgenommen werden, die die Liquidität der Kreditinstitute nicht verändern. Je zahlreicher und gleichmäßiger die Konten über das Bankensystem verteilt sind, um so geringer sind auch die Liquiditätsverschiebungen unter den Geschäftsbanken[208].

Im deutschen Haushaltsrecht ist das Prinzip der fiskalischen Kasseneinheit festgelegt. Alle Einnahmen für einen bestimmten Fiskus, die bei den verschiedenen Amts- und Oberkassen eingehen, „werden einer Zentralkasse überwiesen. Umgekehrt wird der Geldbedarf aller Kassen durch Überweisungen der Zentralkasse gedeckt“[209]. Diese Zentralisation der Mittel erlaubt einen besseren Überblick über die vorhandenen Gelder und erleichtert deren sparsame Bewirtschaftung. Zu diesem Zweck wurde auch das Kassenbestandsverstärkungsverfahren eingeführt[210], aufgrund dessen die unteren Kassen ihre Zentralbankguthaben bei Auszahlungsbedarf zulasten der übergeordneten Kassen auffüllen können und so selber nur einen minimalen Kassenbestand zu unterhalten brauchen. Dies durchaus sinnvolle Prinzip kollidiert hier aber mit der Notwendigkeit, aus kreditpolitischen Gründen öffentliche Guthaben auch im Bankensystem zu unterhalten. Die Zahl der Konten läßt sich aber in Grenzen halten, wenn im Sparkassen- und Genossenschaftssektor Steuerkonten nur bei den Zentralinstituten geführt werden[211] und das Filialsystem der Großbanken jeweils als Einheit aufgefaßt wird[212].

Wie das Beispiel in den USA zeigt, lassen sich die Dispositionen selbst bei 11 300 angeschlossenen Kreditinstituten bewältigen. Steuern und Anleiheerlöse werden in den USA grundsätzlich mit Schecks gezahlt, die auf die jeweiligen Hausbanken der Wirtschaftsunternehmen und

---

[207] *Auerbach*, I.: United States Treasury Cash Balances and the Control of Member Bank Reserves. In: Fiscal and Debt Management Policies. Englewood Cliffs 1963. S. 330.

[208] Vgl. auch *Brehmer*, E.: Struktur und Funktionsweise des Geldmarktes ..., S. 67.

[209] *Nöll v. d. Nahmer*, R.: Lehrbuch der Finanzwissenschaft. Bd. II ..., S. 65.

[210] Anlage 8 zur Reichskassenordnung v. 6. August 1927. RMBl. 1927. S. 357 in der Fassung v. 14. September 1965. Min. Bl. Fin. S. 402.

[211] Bundesverband des privaten Bankgewerbes. Bericht über das Geschäftsjahr 1955. S. 50.

[212] *Strickroth*, G.: Was soll mit den öffentlichen Geldern geschehen? In: HB v. 1./2. 2. 1957. Vgl. auch *Greitemann*, G.: „Vollbewegliche“ Einlagen-Politik ..., S. 943.

Privaten gezogen sind. Die Schecks gelangen zunächst an das Schatzamt. Hier werden sie u. a. nach den bezogenen Kreditinstituten registriert und diesen dann über das Federal Reserve System zugeleitet. Die Banken belasten die einzelnen Aussteller und schreiben den Gegenwert auf den Steuerkonten gut[213]. So ist das Schatzamt jederzeit über die Eingänge und den Guthabenstand auf den zahlreichen Konten informiert.

Dieses Verfahren ließe sich unter bestimmten Bedingungen auf deutsche Verhältnisse übertragen. Dabei macht es keinen wesentlichen Unterschied, ob mit Scheck oder durch Überweisung gezahlt wird, auch wenn der Empfänger von Scheckzahlungen „im Einzug des Gegenwertes viel freizügiger ist als der Überweisungsempfänger“[214]. Voraussetzung für eine grundlegende Reform der Einlagenpolitik ist die Anpassung haushaltsrechtlicher Vorschriften, da die Ausnahmeregelung nach § 17 BBankG in der zur Zeit geltenden Fassung zu sehr auf einzelne Fälle abgestellt ist. U. a. muß § 26 Abs. 2 RHO neu formuliert werden, weil danach die Anlage von Bundesmitteln „bei Banken, Sparkassen und sonstigen Geldanstalten“ grundsätzlich verboten ist. Die Reichskassenordnung spricht ebenfalls ein generelles Verbot aus, das nur dann durchbrochen werden darf, wenn der Anschluß der Kassen an die Kreditinstitute „nach der Lage der örtlichen Verhältnisse zweckmäßig ist“[215]. Was unter Zweckmäßigkeit zu verstehen ist, umschreibt § 25 Amtskassenordnung der Reichsfinanzverwaltung[216] wie folgt: Wenn durch den Anschluß der Amtskasse an den Verkehr mit Kreditinstituten „die Ablieferung der Einzahlungen an die zuständige Kasse erleichtert oder beschleunigt wird“. Damit dienen solche Konten bisher nur der Abwicklung der Ein- und Auszahlungen, nicht jedoch der Unterhaltung von Guthaben[217]. Eine wirkungsvolle Einlagenpolitik erfordert aber auch die dauernde Einlegung von Guthaben bei den Geschäftsbanken.

---

[213] *Chandler*, L. V.: The Economics of Money and Banking . . ., S. 185.

[214] *Greitemann*, G.: „Vollbewegliche“ Einlagen-Politik . . ., S. 943.

[215] § 27 Reichskassenordnung vom 6. August 1927. RMBl. S. 357.

[216] Herausgegeben im Reichsfinanzministerium, Berlin 1938.

[217] Vgl. im übrigen die „Richtlinien für den Anschluß der Amtskassen an Kreditinstitute (mit Ausnahme der Reichsbank) und für den Geschäftsverkehr mit ihnen“. Anhang zur Amtskassenordnung der Reichsfinanzverwaltung . . ., S. 181 ff. Danach ist die Zahl der Kreditinstitute eng zu bemessen (§ 2) und auf Zuverlässigkeit und Sicherheit (§ 3) besonders zu achten. — Im Bereich der Oberfinanzdirektion Kiel ist man insofern schon einen Schritt weitergegangen, also dort die Amtskassen generell Konten bei den Geschäftsbanken ihres Bezirks unterhalten. (Erlaß des Finanzministeriums an die OFD Kiel vom 14. 6. 1956, zitiert bei *Greitemann*, G.: „Vollbewegliche“ Einlagen-Politik . . ., S. 943, Fußnote 16.) Aber auch diese dienen allein der Ansammlung und Ablieferung von Einzahlungen.

Die geplante Reform des Haushaltsrechts nimmt hierauf nicht genügend Rücksicht. In dem Entwurf einer Bundeshaushaltsordnung (BHO)[218] wird § 26 Abs. 2 RHO durch § 43 Abs. 2 BHO ersetzt. Darin ist vorgesehen, daß der Bundesminister der Finanzen nicht sofort benötigte Kassenmittel so anzulegen hat, „daß über sie bei Bedarf verfügt werden kann“. In der Begründung wird darauf hingewiesen, daß eine weitergehende Regelung nicht notwendig sei, weil nach § 17 BBankG eine Einlage von Kassenmitteln des Bundes außerhalb der Bundesbank von dieser genehmigt werden müsse[219]. Damit wird das grundsätzliche Verbot nach § 26 Abs. 2 RHO zwar aufgehoben. Allerdings sind hiermit noch keine ausreichenden Voraussetzungen für eine aktive Einlagenpolitik geschaffen worden, weil nach § 17 BBankG die Initiative zur Unterhaltung von Einlagen im Geschäftsbankensystem nicht von der Bundesbank, sondern von der Öffentlichen Hand ausgehen muß.

### γ) Die Kasseneingänge

Die Sichtguthaben der Öffentlichen Hand ergeben sich als Differenz aus den Kasseneinzahlungen und -auszahlungen — unter Berücksichtigung der Veränderungen von Termin- und Spareinlagen sowie von sonstigen Anlagen. Der zeitliche Verlauf beider Zahlungsreihen ist ausschlaggebend für die Entwicklung der Einlagen. Es ist nun zu untersuchen, inwieweit der Rhythmus dieser Reihen beeinflußt werden kann, um einen möglichst hohen Synchronisationsgrad zu erreichen. Dies ist besonders akut, solange die dezentrale Kontenführung noch nicht verwirklicht ist. Aber auch danach sind umfangreiche periodische Schwankungen für die Liquiditätspolitik störend, weil die Nettoposition des Staates und die der anderen Nichtbanken gegenüber den Kreditinstituten insgesamt zwar unverändert bleibt, sich aber der Anteil der beiden Sektoren verschiebt.

Die wesentlichsten Probleme ergeben sich aus der zeitlichen Staffelung der Kasseneinnahmen des Bundes und der Länder, die besonders durch die vierteljährlichen Vorauszahlungen der Einkommen- und Körperschaftsteuer bestimmt werden. Die übrigen Einnahmenarten sind relativ gleichmäßig über die 12 Monate verteilt, was auch für die Sozialversicherungsträger und die Sondervermögen gilt. Eine Ausnahme bilden lediglich die Erlöse aus Anleihen.

Das Aufkommen der Einkommen- und Körperschaftsteuer (ohne Lohn- und Kapitalertragsteuer) belief sich im Dezember 1967 auf über

---

[218] Gesetzentwürfe zur Haushaltsreform. Bundesrat. Drucksache 284/68. S. 18.

[219] Gesetzentwürfe zur Haushaltsreform. Bundesrat. Drucksache 284/68. S. 62.

5 Mrd. DM. Davon entfielen auf die Einkommensteuer 3,4 Mrd. DM und auf die Körperschaftsteuer 1,6 Mrd. DM[220]. Der Anteil beider Steuerarten am gesamten Steueraufkommen von Bund und Ländern lag in diesem Monat bei 40 %[221]. Daraus wird deutlich, wie stark der Steueransammlungsprozeß gerade durch diese Steuerarten geprägt wird. Bei den Ländern machen sich die Schwankungen noch mehr bemerkbar, weil hier beide Steuern am Gesamtaufkommen im Dezember 1967 sogar mit knapp 62 % beteiligt waren[222].

Eine Änderung des Steuerzahlungsrhythmus auf monatliche Fälligkeiten würde die ungünstigen monetären Wirkungen spürbar mildern[223]. Allerdings führt eine solche Umstellung zu Mehrarbeiten beim Fiskus und bei den Steuerschuldnern: Die bisher auf vier Termine im Jahr begrenzten Spitzenbelastungen beim Fiskus würden sich nun in jedem Monat wiederholen, weil die Zahl der Rechnungsposten zu jedem Steuertermin konstant bleibt. Das Problem der Arbeitsbelastung dürfte sich jedoch mit zunehmendem Einsatz des Lochkartensystems und der Datenverarbeitung im öffentlichen Bereich lösen lassen[224]. Die Wirtschaft muß neben der Mehrarbeit auch Zinsverluste hinnehmen, weil bei monatlicher Zahlung ein Drittel der Steuer bereits zwei Monate und ein weiteres Drittel einen Monat früher als sonst fällig wird. Der Vorteil dieses Verfahrens liegt darin, daß nicht mehr wie bisher vierteljährlich erhebliche Zentralbankgeldbeträge von den Geschäftsbanken abgezogen werden, die u. U. erst mit großer Verzögerung in das Bankensystem zurückfließen, sondern nun monatlich relativ gleichmäßige Steuerzahlungen zu leisten sind. Mit dieser Umstellung läßt sich der durch die Steuerzahlungen gebundene Bestand an Zentralbankgeld auf den Konten der Öffentlichen Hand bei der Bundesbank spürbar senken. Das mag folgendes Beispiel verdeutlichen, bei dem ein jährliches Aufkommen an Einkommen- und Körperschaftsteuer von 24 Mrd. DM unterstellt wird. Bei vierteljährlichen Zahlungen sind jeweils 6 Mrd. DM aufzubringen. Im Durchschnitt befinden sich dann, wenn eine gleichmäßige Verausgabung der Mittel angenommen wird, 3 Mrd. DM auf den Konten des Fiskus. Bei monatlichen Zahlungen in Höhe von

---

220 Monatsberichte der Deutschen Bundesbank, Statistischer Teil VI. 2.

221 Zur Bedeutung der Einkommensteuer vgl. auch *Terhalle*, F.: Das Finanz- und Steuersystem der Bundesrepublik Deutschland. In: Handbuch der Finanzwissenschaft. 3. Bd. Tübingen 1958. S. 156 f.

222 Der gesamte Einkommensteuerertrag wird gemäß Art. 105 Abs. 4 GG zwischen dem Bund und den Ländern aufgeteilt, und zwar seit Anfang 1967 im Verhältnis 37 : 63. Vgl. Finanzbericht 1968. Herausgeber Bundesministerium der Finanzen. Bonn 1967. S. 296.

223 *Schmölders*, G.: Finanzpolitik. 2. Aufl. Berlin/Heidelberg/New York 1965. S. 240.

224 Vgl. *Schmölders*, G.: Steuerkonten. In: Enzyklopädisches Lexikon für das Geld-, Bank- und Börsenwesen. Frankfurt/M. 1957. S. 1476.

2 Mrd. DM vermindert sich der durchschnittliche Betrag von 3 auf 1 Mrd. DM. Der maximale Liquiditätsverlust bei Fälligkeit der Steuern sinkt von 6 auf 2 Mrd. DM.

Eine andere Lösung des Problems besteht in der zeitlichen Verschiebung der Fälligkeiten von Körperschaft- und Einkommensteuer um beispielsweise 6 Wochen[225]. Dabei müßte der Fiskus die Fälligkeit von einer der beiden Steuern hinausschieben, was allerdings mit einem Einnahmeausfall verbunden ist, weil in der Umstellungsperiode eine Zahlung nicht geleistet wird und danach die Zahlungsfolge wieder einen vierteljährlichen Rhythmus aufweist. Die Nachteile würden durch den Vorteil eines stetigeren Einnahmenstromes aufgewogen werden, zumal die Spitzenarbeitsbelastung von bisher 4 auf 8 Termine verteilt wird[226]. Der Bund verschloß sich diesen Argumenten nicht, doch scheiterte die Einführung dieses Verfahrens an dem Widerstand der Länder, die nicht bereit waren, den daraus resultierenden Einnahmeverlust hinzunehmen[227]. Der umgekehrte Weg, den Fälligkeitstermin einer Steuer vorzuverlegen, würde die Lasten der Wirtschaft aufbürden, liquiditätsmäßig aber zum gleichen Ergebnis führen.

Die Steuereingänge im Monatsverlauf ließen sich durch eine weitere Staffelung der Termine kontinuierlicher gestalten[228]. Bisher sind alle wichtigen Steuern, bis auf die Grund- und Gewerbesteuern, am 10. jedes bzw. jedes dritten Monats fällig[229]. Eine entsprechend ihrem Aufkommen gleichmäßige Verteilung auf 2 Termine — etwa den 5. und 20. Tag im Monat — würde den Synchronisationsgrad zwischen Einzahlungen und Auszahlungen noch erhöhen.

Schließlich ließe sich auch über die Einführung von Steuerkontokorrentkonten[230] eine Abflachung der Zahlungseingangsspitzen erreichen. Die bisherigen Steuertermine könnten unverändert bleiben. Die Streuung der Kasseneingänge wird dann über den Zins erreicht: Die Steuertermine gelten als Zinsnullpunkte. Für vorzeitige Zahlungen werden Zinsen vergütet, für verspätete Zahlungen Zinsen belastet. Die Steuerfunktion übernimmt dabei eine Zinsstaffel. Sie muß „so angelegt sein, daß sich aus der verschiedenen Liquiditätslage der Steuerzahler

---

[225] „Wellenbrecher gegen Steuergeldwogen"..., S. 58. Bundesverband des privaten Bankgewerbes: Bericht über das Geschäftsjahr 1954. S. 52.

[226] *Escher*, V.: Der Einfluß der Steuertermine auf die Liquidität der Geschäftsbanken ..., S. 135 f.

[227] *Escher*, V.: Der Einfluß der Steuertermine auf die Liquidität der Geschäftsbanken ..., S. 132 f.

[228] Dies Problem ist allerdings nicht so dringend, weil Steuereingänge und Bargeldumlauf tendenzmäßig entgegengesetzt verlaufen, so daß sie sich teilweise kompensieren.

[229] *Kippenberger*, H.: Geldmenge und Umschlagshäufigkeit ..., S. 151.

[230] *Schmölders*, G.: Steuerkonten ..., S. 1476.

eine möglichst gleichmäßige Verteilung der Zahlungstermine ... ergibt". Außerdem muß die Zinsstaffel des Steuerkontokorrents mit den Zinssätzen für Bankkredite abgestimmt sein, um „eine stärkere Kreditinanspruchnahme zum Zweck der Steuerzahlung" zu vermeiden[231]. Der Steuerschuldner kann den Zahlungstermin frei wählen und mit seiner individuellen Finanzlage abstimmen[232].

Beide Lösungsvorschläge — Änderung der Steuertermine oder Einführung von Steuerkontokorrentkonten — würden die Liquiditätsbelastungen des Bankensystems spürbar mildern. Diese bestehen nicht nur in massierten Einlagenabzügen, sondern auch in umfangreichen Kreditaufnahmen[233]. „Der Abzug von ca. 50 % des Gesamtaufkommens der Steuer an vier Terminen des Jahres erlaubt vielen Unternehmen aus Rentabilitätsgründen keine vollständige Vorhersorge in Form der Ansammlung von Kassenbeständen oder befristeten Bankeinlagen. Es kommt daher in größerem Umfange zur Aufnahme von kurzfristigen Bankkrediten[234]."

Neben den Steuerzahlungen führt auch die Anleihefinanzierung der Öffentlichen Hand in der bisherigen Form zu einer stoßweisen Verminderung der Liquiditätssalden, während sich die Verausgabung dieser Mittel in der Regel über einen längeren Zeitraum erstreckt. Eine Angleichung beider Seiten ließe sich durch einen kontinuierlichen Absatz der Titel erreichen, etwa vergleichbar mit der von den Realkreditinstituten angewandten Methode. Das hätte außerdem den Vorteil, daß zu Marktkursen verkauft werden könnte. Heute läßt sich nämlich eine umfangreiche Emission nur dann unterbringen, wenn die Marktkonditionen geringfügig unterboten werden — was nicht selten zu Umtauschoperationen führt. Als Nachteil dürfte sich herausstellen, daß das Emissionsvolumen nicht so genau bestimmt werden kann wie bei dem jetzigen Verfahren.

### δ) Die Kassenausgänge

Die Auszahlungen weisen gewisse rhythmische Bewegungen auf, die auf die Lohn-, Gehalts- und Rentenzahlungen sowie den Schulden-

---

[231] *Escher*, V.: Der Einfluß der Steuertermine auf die Liquidität der Geschäftsbanken ..., S. 141.

[232] In Hessen werden zur Zeit Steuerkontokorrentkonten bei verschiedenen Finanzkassen erprobt. Dabei übernimmt das Rechenzentrum der hessischen Landesverwaltung einen Teil der Buchungsarbeiten (Zeitbuchführung) sowie die Anfertigung der Tages-, Monats- und Jahresabschlüsse aller Finanzkassen. Versuche mit Steuerkontokorrentkonten bei 4 Finanzämtern in Niedersachsen wurden nach einem Jahr wieder eingestellt.

[233] Vgl. *Schmölders*, G.: Geldpolitik ..., S. 50 und S. 98 f.

[234] *Kippenberger*, H.: Geldmenge und Umschlagshäufigkeit ..., S. 152. Monatsberichte der Deutschen Bundesbank. Juli 1961. S. 4 und S. 8 f.

dienst zurückzuführen sind. Alle sonstigen Kassentransaktionen tendieren zu einem relativ gleichmäßigen Verlauf[235], der nur zum Jahresbeginn unter und zum Jahresende über dem Durchschnitt zu liegen pflegt. Die Zahlungsverpflichtungen der Gebietskörperschaften ergeben sich aus den Haushaltsplänen. Die Verteilung über das Budgetjahr unterliegt — mit Ausnahme der genannten zeitlich gebundenen Positionen — keinem festen Plan.

Der im Haushaltsrecht verankerte Grundsatz der zeitlichen Spezialität[236] bestimmt lediglich, daß die im Haushaltsplan bewilligten Beträge nur innerhalb des Rechnungsjahres verwendet werden dürfen. Eine genauere zeitliche Festlegung ist nicht vorgesehen[237]. Allerdings schreibt § 26 Abs. 1 RHO noch vor, daß die Haushaltsmittel nicht eher in Anspruch genommen werden dürfen, als es zur wirtschaftlichen und sparsamen Führung der Verwaltung erforderlich ist.

Die jeweils beabsichtigten Ausgaben sind nach geltendem Recht in Form von Bedarfsanmeldungen dem Finanzminister mitzuteilen. Dabei durchlaufen sie mehrere Stufen, auf denen sie mit Bedarfsmeldungen von Kassen der gleichen Ebene zusammengefaßt werden. Grundsätzlich sollen die Meldungen bis zum 20. des Vormonats beim Finanzminister eingetroffen sein[238], was jedoch häufiger nicht eingehalten wird[239]. Aufgrund der vorhandenen und noch zu erwartenden Mittel werden dann Ausgabenermächtigungen erteilt[240].

### ε) Das Schätzungsproblem

Die Einlagenpolitik kann nur dann einen positiven Beitrag zur kontinuierlichen Liquiditätsversorgung der Banken leisten, wenn die zu erwartenden Einnahmen und Ausgaben ihrem Volumen nach so rechtzeitig bekannt sind, daß ausgleichende Dispositionen synchron vorgenommen werden können[241]. In der Vergangenheit hatte das Bundesfinanzministerium keinen genauen Überblick über die tatsächliche Abwicklung der Haushaltsführung. Die Kommunikation zwischen den rund 58 000 Kassen und Zahlstellen des Bundes, der Länder und der Gemeinden, die für den Bund Zahlungen entgegennehmen oder aus-

---

235 *Brehmer*, E.: Struktur und Funktionsweise des Geldmarktes ..., Tübingen 1956. S. 38.

236 § 30 Abs. 1 RHO.

237 *Kippenberger*, H.: Geldmenge und Umschlagshäufigkeit ..., S. 153.

238 §§ 47 ff. Wirtschaftsbestimmungen für die Reichsbehörden (RWB) vom 11. Februar 1929. RMBl. S. 49. Abgedruckt in: *Klee*, F.: Das Haushaltsrecht des Bundes und der Länder. München/Berlin 1951. S. 115 ff.

239 „Das ‚museumsreife' öffentliche Kassenwesen ...", S. 1045.

240 § 50 RWB.

241 *Metze*, I.: Die Wirkungen staatlicher Tätigkeit auf die Liquidität ..., S. 153.

führen[242], und den beteiligten Ressorts, sind derart schlecht, daß dem einzelnen Fachministerium „häufig gar nicht bekannt (ist), in welchem Umfange seine Ausgabenermächtigungen tatsächlich genutzt wurden. Dies stellt sich erst heraus, wenn die Länder ... in der Mitte des folgenden Monats eine Ausgabenmeldung erstatten“[243].

Die Länder verfügen dagegen über eine zeitnahe Kasseneingangs- und Ausgangsstatistik. Alle untergeordneten Kassen senden ihre Abschlüsse täglich an die Landeshauptkasse, die sich so einen laufenden Überblick über die Liquiditätslage verschafft. Allerdings werden nur die Zeitbücher täglich abgeschlossen, während die Sachbücher (nach Haushalten und Titeln getrennt) lediglich am Monatsende saldiert werden. Eine Aufgliederung nach Landes- und Bundesmitteln ist deshalb nur zu diesen Terminen möglich, so daß der Bundesfinanzminister erst entsprechend später informiert werden kann.

Bereits 1964 hat der Bundesfinanzminister selber auf die Notwendigkeit einer ständigen und zeitnahen Beobachtung des Haushaltsablaufs hingewiesen, die nur über eine schnellere und aussagefähigere Berichterstattung zu erreichen ist[244]. Dennoch ist die dazu erforderliche umfassende Reform des Kassen- und Rechnungswesens bisher über das Stadium der Planung und Beratung nicht hinausgelangt[245].

Auf die mangelnde Übersicht ist z. B. zurückzuführen, daß der Bund „gelegentlich den Kapitalmarkt — sogar zu ungeeigneter Zeit — in Anspruch nahm, tatsächlich aber auf diese Mittel gar nicht angewiesen war“. Umgekehrt mußten Kassenkredite aufgenommen werden, „um eine überraschende Ausgabenhäufung aufzufangen“[246], was durch eine aktuelle Kassendisposition hätte vermieden werden können. Es wird wahrscheinlich keine unüberwindlichen Schwierigkeiten bereiten, die zu erwartenden Einzahlungen monatlich relativ genau vorauszuschätzen, weil die aktuelle Wirtschaftslage berücksichtigt und bei Fehlern Angleichungen vorgenommen werden können. Schließlich fallen Schät-

---

242 Gesetzentwürfe zur Haushaltsreform. Bundesrat. Drucksache 284/68. S. 37.

243 „Das ‚museumsreife‘ öffentliche Kassenwesen ..., S. 1045.

244 *Dahlgrün*, R.: Der Bundeshaushalt für 1965. In: Bulletin des Presse- und Informationsamtes der Bundesregierung vom 14. 10. 1964. Abgedruckt in: Deutsche Bundesbank. Auszüge aus Presseartikeln. Nr. 69 vom 21. 10. 64. S. 7.

245 Vgl. Finanzbericht 1968 ..., S. 241 ff. Mit den Gesetzentwürfen zur Haushaltsreform sind erst die wesentlichen „Grundlagen für eine notwendige Neuordnung des Kassen- und Rechnungswesens ... geschaffen worden, deren Ziel darin besteht, unter Einsatz elektronischer Datenverarbeitungsanlagen das Kassenwesen neuzeitlichen Anforderungen anzupassen, die Buchführung zu vereinfachen, das Berichtswesen zu verbessern und die Rechnungslegung zu beschleunigen“. Gesetzentwürfe zur Haushaltsreform. Bundesrat. Drucksache 284/68. S. 37.

246 „Das ‚museumsreife‘ öffentliche Kassenwesen ..., S. 1045.

zungsfehler von z. B. 3 % beim Monatsaufkommen absolut nicht so ins Gewicht wie bei Jahreszahlen.

Die Bedingungen für die Schätzungen des Auszahlungsvolumens sind bei einer pünktlichen Verabschiedung des Haushaltsgesetzes noch günstiger, da die Auszahlungsanforderungen durch die Haushaltspläne im wesentlichen begrenzt werden. Es kommt im Grunde nur auf eine Verbesserung der Kommunikation zwischen den übergeordneten disponierenden und den untergeordneten ausführenden Stellen an, um immer über die beabsichtigten und gerade vollzogenen Ausgaben informiert zu sein. Voraussetzung ist der tägliche Abschluß auch der Sachbücher, so daß die Trennung von Bundes- und Landesmitteln jederzeit möglich ist. Die Auszahlungsmeldungen sind dann laufend entweder über die Länder oder direkt auch an den Bund zu senden.

Allerdings sind in den vergangenen Jahren die Haushaltsgesetze ständig nach Beginn der Haushaltsperiode verkündet worden, teilweise mit Verzögerungen von 6—7 Monaten[247]. Das wichtige Prinzip der Vorherigkeit der Haushaltsaufstellung gemäß Art. 110 Abs. 2 GG und § 22 RHO ist dadurch gröblich verletzt worden[248]. Die ersatzweise Anwendung von Art. 111 GG, der die Ausgaben vor Genehmigung des Etats regelt, ist nur als Ausnahme und nicht als Dauerverfahren gedacht. Die Auszahlungsplanung und -schätzung wird so unnötig erschwert. Die nun vorgesehene Aufstellung von mehrjährigen Haushaltsplänen[249] ist eine sinnvolle Lösung des Problems.

Im Zusammenhang mit der Reform sollte auch zwischen liquiditätswirksamen und -neutralen Zahlungsvorgängen unterschieden werden, um die monetären Wirkungen des Haushalts besser beurteilen zu können[250]. Zwar bestimmen beide Zahlungsarten gemeinsam das Volumen der Guthaben der Öffentlichen Hand. Aber für den Umfang der zu tref-

---

[247] Vgl. z. B. Finanzbericht 1967 . . ., S. 295, Finanzbericht 1968 . . ., S. 300.

[248] Vgl. auch *Henle*, W.: Die Ordnung der Finanzen in der Bundesrepublik Deutschland. Berlin 1964. S. 66 f. *Vialon*, F. K.: Haushaltsrecht. Kommentar zur Haushaltsordnung (RHO). Berlin/Frankfurt/M. 1953. S. 78 f. und S. 196 ff.

[249] Art. 110 Abs. 2 GG soll folgende Neufassung erhalten: „Der Haushaltsplan wird für ein oder mehrere Rechnungsjahre, nach Jahren getrennt, vor Beginn des ersten Rechnungsjahres durch das Haushaltsgesetz festgestellt. Für Teile des Haushaltsplanes kann vorgesehen werden, daß sie für unterschiedliche Zeiträume, nach Rechnungsjahren getrennt, gelten." Gesetzentwürfe zur Haushaltsreform. Bundesrat. Drucksache 284/68. S. 2. Nach § 10 des Entwurfs eines Gesetzes über die Grundsätze des Haushaltsrechts des Bundes und der Länder (Haushaltsgrundsätzegesetz — HGrG) soll die Geltungsdauer der Haushaltspläne auf zwei Jahre beschränkt werden. Gesetzentwürfe zur Haushaltsreform. Bundesrat. Drucksache 284/68. S. 4.

[250] *Metze*, I.: Die Wirkungen staatlicher Tätigkeit auf die Liquidität . . ., S. 153 f.

fenden Ausgleichsdispositionen sind nur die liquiditätswirksamen Kasseneingänge- und -ausgänge erheblich[251].

### ζ) Die Einlagendisposition

Grundsätzlich sollten zunächst alle Steuereingänge des Fiskus bei den Kreditinstituten gesammelt werden, so daß diese Transaktionen keine Abnahme der Liquiditätssalden hervorrufen. Die disponierende Stelle bestimmt dann, ob ein Teil oder der gesamte Betrag auf Konten der Zentralbank überwiesen wird. Die Entscheidung richtet sich nach der Liquiditätslage der Kreditinstitute. Sind den Banken aufgrund der Marktfaktoren z. B. mehr liquide Mittel zugeflossen als kreditpolitisch vertretbar ist, so wird ein entsprechendes Volumen der Sichtguthaben — soweit sie nicht unmittelbar zu Auszahlungen verwendet werden — von den Kreditinstituten abgerufen und bei der Notenbank eingelegt. Haben die Marktfaktoren dagegen zu einem Liquiditätsverlust geführt, so müssen Guthaben von der Notenbank auf das Bankensystem verlagert werden. Bei diesen Maßnahmen kommt es besonders auf eine genaue zeitliche Abstimmung an, um ein Zuviel oder Zuwenig an liquiden Mitteln zu vermeiden. Je exakter die Vorausschätzungen sind und je schneller die Daten über die tatsächliche Entwicklung der öffentlichen Guthaben zur Verfügung stehen, desto wirkungsvoller läßt sich die Einlagenpolitik betreiben.

In den Vereinigten Staaten wird den Kreditinstituten vom Schatzamt nach Maßgabe seines Auszahlungsbedarfes in der Regel einige Tage im voraus mitgeteilt, daß ein bestimmter Teil der bei ihnen auf Tax and Loan Accounts unterhaltenen Sichteinlagen abgezogen wird. So verbleibt den Banken eine gewisse Zeit, um liquiditätsmäßig Vorsorge zu treffen[252].

Das Abrufverfahren ist im Laufe der Zeit sehr verfeinert worden. Es nimmt besonders Rücksicht auf die Größe der Institute, weil plötzliche Einlagenabzüge von Großbanken besser aufgefangen werden können als von kleinen Geschäftsbanken. Zu diesem Zweck wurden alle Kreditinstitute mit Steuerkonten entsprechend ihres Einlagenvolumens in A-, B- und C-Banken eingeteilt. Die Grenze zwischen der ersten und

[251] In diese Richtung zielen auch die Vorschläge der Gemeinschaft zum Schutz der deutschen Sparer, den Haushalt nach kreislaufwirksamen und -neutralen Einnahmen und Ausgaben aufzuteilen, um die Einflüsse des Budgets auf die Konjunktur besser beurteilen zu können. Gemeinschaft zum Schutz der deutschen Sparer: Was ist eine antizyklische Finanzpolitik? In: Mitteilungen und Kommentare zur Geldwertstabilität. 2/1968. S. 2 ff.

[252] Vgl. Auszüge aus dem „Douglas Report“ und aus der Enquete des Untersuchungsausschusses für Allgemeine Kredit- und Staatsschuldenpolitik (Patman-Ausschuß) des amerikanischen Kongresses. Herausgegeben vom Bundesministerium für Wirtschaft. Bonn o. J. (1954?), S. 195.

zweiten Gruppe liegt bei 150 000 Dollar und die zwischen der zweiten und dritten Gruppe bei 500 000 Dollar. Den A-Banken werden beim Abruf die günstigsten Konditionen zugestanden, während für C-Banken die härtesten Bedingungen gelten[253]: Bei den C-Banken werden die öffentlichen Einlagen jederzeit ohne Voranmeldung abgerufen, um eine bestimmte Guthabenlinie beim Federal Reserve System besser ansteuern zu können[254]. Das Schatzamt verfolgt in der Regel das Ziel, durch ein entsprechendes Timing der Ausgaben die Liquiditätswirkungen der gesamten Transaktionen zu minimieren[255]. Dagegen wird lediglich in Ausnahmesituationen versucht, die Kreditpolitik des Federal Reserve Systems durch eine Umverteilung von Guthaben aktiv zu unterstützen, weil „there is doubt that the traditional means of monetary control are so inadequate that reliance need be placed on this device“[256]. Nur „gelegentlich dient die öffentliche Kassenhaltung auch ... dem Ziel der Anspannung der Reserveposition der Banken in Zeiten inflatorischen Drucks und ihre Lockerung bei gegenläufiger Entwicklung“[257].

Wenn das Schatzamt seine Guthaben von den Geschäftsbanken abzieht, hat es bereits unmittelbar vorher Zahlungen mit Schecks geleistet, die auf die Notenbank gezogen sind. Die Zahlungsempfänger reichen diese Schecks ihren Banken zur Einlösung ein, so daß „banks promptly gain back the lost reserves“[258]. „If the timing is perfect, there will be no net change in the total volume of bank reserves[259].“

So werden die Guthaben des Staates bei der Zentralbank möglichst auf dem gleichen Stand gehalten[260]. „The total rarely goes much above $ 1 billion, and usually it falls far below that figure[261].“ Dieses Verfah-

---

[253] *Auerbach,* I.: United States Treasury Cash Balances ..., S. 345.

[254] *Axilrod,* S. H., und J. *Krummack:* Federal Reserve Security Transactions 1954—63 ..., S. 831. Vgl. im übrigen die sehr ausführliche Darstellung bei *Auerbach,* I.: United States Treasury Cash Balances ..., S. 345 ff.

[255] *Chandler,* L. V.: The Economics of Money and Banking ..., S. 184.

[256] *Simmons,* E. C.: The Monetary Mechanism Since the War. In: The Journal of Political Economy. Vol. LV III (1950), S. 137. Ähnlich *Seidel,* H.: Öffentliche Einlagen: Beispiel USA ..., S. 176. *Auerbach,* I.: United States Treasury Cash Balances ..., S. 312.

[257] Auszüge aus dem „Douglas Report“ und aus der Enquete des Untersuchungsausschusses für die Allgemeine Kredit- und Staatsschuldenpolitik (Patman-Ausschuß) ..., S. 191.

[258] *Simmons,* E. C.: The Monetary Mechanism Since the War ..., S. 137.

[259] *Chandler,* L. V.: The Economics of Money and Banking ..., S. 185.

[260] *Auerbach,* I.: United States Treasury Cash Balances ..., S. 312. Ein ähnliches Ziel verfolgt man in England, hier allerdings nicht über eine Einlagenpolitik, sondern mit Offenmarktoperationen. So soll „das Konto der Regierung bei der Bank of England keinen Abend mit einem höheren Guthaben als zwei Millionen Pfund abschließen“. *Muthesius,* V.: Die Springflut der öffentlichen Gelder ..., S. 867. Radcliffe-Report ..., S. 115.

[261] *Kent,* R. P.: Money and Banking ..., S. 289.

ren bedeutet ohne Frage einen erheblichen Fortschritt gegenüber der derzeitigen Situation in Deutschland. Es ist aber nicht einzusehen, warum die Einlagen der Öffentlichen Hand nicht ständig dazu benutzt werden sollen, die Kreditpolitik aktiv zu unterstützen.

Die Grenzen der Einlagenpolitik werden durch das Volumen und die Verteilung der Guthaben zwischen den Kreditinstituten und der Bundesbank bestimmt. So ist z. B. eine Kontraktion der Bankenliquidität mit Hilfe der Einlagenpolitik nicht möglich, wenn entweder die vorhandenen Guthaben bereits vollständig auf den Notenbankkonten gesammelt sind oder der haushaltsgebundene Auszahlungsbedarf zu einem Rückfluß der Einlagen in das Bankensystem führt. Umgekehrt läßt sich der Liquiditätssaldo nicht erhöhen, wenn sich alle Guthaben bereits auf den Steuerkonten bei den Geschäftsbanken befinden. Die Verteilung der Guthaben ist also für den Erfolg der Einlagenpolitik von großer Bedeutung. Daneben bestimmt der Umfang der Guthaben, wie lange Ungleichgewichte in der Liquiditätsversorgung der Banken ausgeglichen werden können, wenn eine optimale Verteilung einmal unterstellt wird. Andererseits ist zu bedenken, daß diese Guthaben vorwiegend aus Zahlungen der Wirtschaft und Privaten an den Staat resultieren: Die Ansammlung auf den Konten bei der Zentralbank ist mit einer entsprechenden Kontraktion der Bankenliquidität verbunden. Durch eine Rücküberweisung kann zwar der zuvor eingetretene Abfluß kompensiert, aber dem Bankensystem keine zusätzlichen liquiden Mittel zur Verfügung gestellt werden. Daher eignet sich die Einlagenpolitik hauptsächlich dazu, auf kurz- und mittelfristige Sicht die kontinuierliche Liquiditätsversorgung der Banken durchzusetzen, indem Schwankungen der Liquiditätssalden überhaupt vermieden oder wenigstens ausgeglichen werden. Eine langfristig zusätzliche Versorgung, wie sie für eine wachsende Wirtschaft notwendig ist, ist damit nicht möglich.

Ein spezielles Problem stellt noch die Frage der Kompetenzverteilung im Rahmen der Einlagenpolitik dar: Wer soll berechtigt sein, die jeweiligen Operationen zu bestimmen? Denkbar sind grundsätzlich zwei Lösungen. Da die Einlagenpolitik die unmittelbaren Interessen der verschiedenen staatlichen Einleger berührt, könnte ein gemeinsames Gremium mit der Bundesbank gebildet werden, in dem alle betroffenen Stellen vertreten sind. Dem steht als Alternative eine ausschließlich in den Händen der Notenbank liegende Einlagenpolitik gegenüber.

Ein Organ der Einleger entspricht am ehesten dem föderativen Staatsaufbau der Bundesrepublik, der durch eine selbständige und unabhängige Haushaltswirtschaft von Bund und Ländern[262] gekennzeichnet ist. Hinzu kommt, daß eine wirkungsvolle Einlagenpolitik nur dann

[262] Artikel 109, Abs. 1 GG, gewisse Einschränkungen enthalten die Absätze 2, 3 und 4.

möglich ist, wenn täglich Meldungen über die Ein- und Auszahlungen aller beteiligten Haushalte zur Verfügung stehen. Bisher haben sich die Länder bei der Bekanntgabe ihres Geldvermögens sehr zurückhaltend gezeigt. Es gibt keine ausreichenden gesetzlichen Bestimmungen, die analog zu § 18 BBankG u. U. tägliche statistische Erhebungen im öffentlichen Bereich zulassen[263].

Die Bereitschaft zur freiwilligen Publizität auf diesem Sektor dürfte am größten sein, wenn die Stellen selber an den Entscheidungen mitwirken. Die in diesem Zusammenhang von Greitemann vorgeschlagene „angemessene Teilnahme am Ertrag der Notenbank"[264], quasi als Entschädigung, geht jedoch über das Ziel hinaus.

Eine positive Einstellung zur Einlagenpolitik ist auch deshalb notwendig, weil ein Teil der Auszahlungen zeitlich manipulierbar ist. Unter Umständen werden Zahlungen von den Einlegern gerade dann vorgezogen, wenn die Einlagenpolitik zur Verminderung der Bankenliquidität eingesetzt werden soll.

Um die Unabhängigkeit der Währungspolitik zu wahren, lehnt Strickroth jedoch jedes Mitverfügungsrecht der fiskalischen Instanzen ab[265]. Außerdem ist die Einlagenpolitik ein kontinuierlicher Prozeß, bei dem die Entscheidungen entsprechend der jeweiligen Liquiditätslage und der Ein- und Auszahlungsentwicklung täglich neu getroffen werden müssen. Da hier keine Verzögerungen eintreten dürfen, sollte auch aus diesem Grunde die Disposition allein in den Händen der Bundesbank liegen[266], zumal sie als neutrale Instanz auf eine gleichmäßige Behandlung aller Einleger bedacht sein wird. Die Zentralbank nimmt auf Anweisung der verschiedenen fiskalischen Instanzen die für den Vollzug der jeweiligen Haushalte notwendigen Auszahlungen über das eigene Gironetz vor. Im übrigen bestimmt sie in eigener Verantwortung über die Verteilung der Sichtguthaben zwischen Geschäftsbankensystem und Bundesbank. Werden Überweisungen zulasten der Konten der Öffentlichen Hand vorgenommen und ist eine Liquidisierung des Ban-

---

[263] Nach dem Gesetz über die Finanzstatistik vom 8. Juni 1960. BGBl. I S. 322 werden u. a. die Gesamteinnahmen und -ausgaben sowie die Kassenlage des Bundes und der Länder nur monatlich erfaßt (§ 3 Ziffer 5). Eine Vermögensstatistik kann überhaupt erst durch Rechtsverordnung der Bundesregierung mit Zustimmung des Bundesrates ausgelöst werden (§ 5).

[264] *Greitemann,* G.: „Vollbewegliche" Einlagenpolitik . . ., S. 944.

[265] *Strickroth,* G.: Was soll mit den öffentlichen Geldern geschehen?

[266] Eine Grundgesetzänderung wird dadurch nicht notwendig, weil die Unabhängigkeit der Haushaltswirtschaft nach Art. 109 Abs. 1 GG zwischen Bund und Ländern nicht berührt, sondern nur der bisher bestehende Kontrahierungszwang modifiziert wird. Dieser steht nach herrschender Meinung nicht im Gegensatz zum Prinzip der Unabhängigkeit der Haushalte. *Beck,* H.: Gesetz über die Deutsche Bundesbank . . ., S. 297. Ebenso Begründung zum Entwurf eines Gesetzes über die Deutsche Bundesbank . . ., S. 37.

kensystems nicht erwünscht, so sind im gleichen Umfange Guthaben von den Kreditinstituten über ein besonderes Abrufverfahren wieder zurückzuziehen[267].

Eine gewisse Schwäche liegt darin, daß die Notenbank in die Ausgabengebarung der einzelnen Körperschaften nicht eingreifen kann, sondern sich darauf verlassen muß, daß Auszahlungen zur Erfüllung von Verbindlichkeiten nur dann angewiesen werden, wenn sie tatsächlich fällig sind. Daß ein derartiges Verhalten ein erhebliches Maß an gutem Willen und Einsicht in die volkswirtschaftliche Notwendigkeit einer solchen Einlagenpolitik erfordert, liegt auf der Hand.

### *b) Die Schuldenpolitik*

Der Einlagenpolitik werden durch die Verteilung und den Umfang der öffentlichen Guthaben bei der Durchführung einer kontinuierlichen Liquiditätsversorgung u. U. enge Grenzen gesetzt. Mit Hilfe einer Schuldenaufnahme und -rückzahlung bei der Notenbank lassen sich diese Grenzen erheblich ausdehnen. Hierbei sind grundsätzlich zwei Verschuldungsarten zu unterscheiden.

(1) Verfügt die Öffentliche Hand über genügend liquide Mittel, um ihre haushaltsmäßigen Ausgaben zu finanzieren, so kann es unter Liquiditätsgesichtspunkten doch sinnvoll sein, Kredite bei der Notenbank aufzunehmen, um die Guthaben im Bankensektor zu erhöhen. Diese Situation tritt dann ein, wenn bereits alle vorhandenen öffentlichen Einlagen auf Steuerkonten bei den Kreditinstituten überwiesen sind und eine weitere Erhöhung der Liquiditätssalden erwünscht ist. Das ist aber nur möglich, wenn bei der Zentralbank Kassenkredite aufgenommen werden. Die so entstandenen Guthaben werden wieder im Bankensystem eingelegt. Sobald die Liquiditätslage den Rückruf der Gelder erlaubt, werden damit die Kredite getilgt. Sie dienen also nicht zur Finanzierung von Ausgaben im haushaltsrechtlichen Sinne, sondern werden allein zu Liquiditätszwecken eingesetzt.

In etwas abgewandelter Form wird ein solches Verfahren in den USA angewandt, wenn das Schatzamt „temporarily borrow directly from the Reserve Banks rather than call for funds from the Special Depositaries“[268]. Damit läßt sich die Einlagenpolitik noch flexibler gestalten, weil die Manipulationsmasse vergrößert und das Verteilungsproblem gemildert wird. Es dient allerdings nur dazu, kurzfristige Liquiditäts-

---

[267] Vgl. die detaillierten Vorschläge über die Ausgestaltung des Abrufverfahrens bei *Greitemann*, G.: „Vollbewegliche“ Einlagen-Politik . . ., S. 943 f.

[268] „The Treasury's cash balances.“ In: Federal Reserve, New York: Monthly Review of Credit and Business Conditions. November 1952. S. 45 ff. Zitiert bei *Seidel*, H.: Öffentliche Einlagen: Beispiel USA . . ., S. 176.

schwankungen auszugleichen. Die Bankenliquidität kann damit auf die Dauer nicht angereichert werden.

(2) Mit Hilfe eines anderen Verschuldungstyps ist dagegen die Liquiditätsversorgung des Bankensystems auch auf lange Sicht möglich. Und zwar nimmt hier die Öffentliche Hand bei der Notenbank zeitlich unbegrenzten Kredit auf, der zur Finanzierung von Haushaltsausgaben verwendet wird. Der Umfang dieser Kredite richtet sich nach dem längerfristig wachsenden Liquiditätsbedarf der Kreditinstitute[269]. Es handelt sich hier um eine bereits häufiger angewandte Methode. Denn die Aufnahme eines Fiduciary Issue in die Bilanz der Bank of England, der Ankauf von Staatspapieren durch das Federal Reserve System in den USA oder die Aktivierung von Ausgleichsforderungen in der Bundesbankbilanz dienen im Grunde alle dem gleichen Ziel, nämlich eine für notwendig gehaltene Ausstattung der Volkswirtschaft mit Zentralbankgeld buchmäßig zu „decken"[270]. Welcher technische Weg dazu eingeschlagen wird, ist unerheblich. Ausschlaggebend ist aber, daß die Kreditaufnahme nicht durch fiskalische Kreditwünsche, sondern allein durch den Liquiditätsbedarf bestimmt wird. Die Kreditfinanzierung des Staates ist in der Regel erheblich größer als die hier aufgezeigte Kreditbereitstellung durch die Notenbank. Jedenfalls weist die Haushaltsentwicklung in Deutschland in den letzten Jahren eine ständig zunehmende Kreditaufnahme auf, die sich auch in der nächsten Zukunft kaum abschwächen wird[271]. Entsprechend der notwendigen Liquiditätsversorgung kann ein Teil dieses Kreditbedarfes durch die Notenbank gedeckt werden[272].

Die Beträge werden unverzinslich bereitgestellt[273] und sind grundsätzlich nicht rückzahlbar, „da dieses Geld auf unbeschränkte Zeit der

---

[269] Vgl. *Oberhauser,* A.: Probleme der Geldversorgung einer wachsenden Wirtschaft..., S. 405.

[270] Vgl. auch die Überlegungen, die im Jahre 1934 zum Problem der Finanzierung der Arbeitsbeschaffungsprogramme durch die Papiergeldausgabe angestellt wurden: *Nöll v. d. Nahmer,* R.: Die Deckung des öffentlichen Bedarfs durch nichtinflatorische Papiergeldausgabe. In: Finanzarchiv. Bd. 2 (1934). S. 563 ff. *Buchanan,* J. M.: Public Principles of Public Debt. Homewood 1958. S. 173 ff.

[271] *Irmler,* H.: Möglichkeiten und Grenzen der öffentlichen Verschuldung..., S. 1030.

[272] Gutowski hat den Vorschlag gemacht, im Umfang der von der Notenbank zu zahlenden Beträge Steuersenkungen durchzuführen. *Gutowski,* A.: Diskussionsbeitrag in: Finanz- und währungspolitische Bedingungen stetigen Wirtschaftswachstums. Verhandlung auf der Tagung des Vereins für Socialpolitik. Gesellschaft für Wirtschafts- und Sozialwissenschaften in Baden-Baden 1958. Berlin 1959. S. 143 f. Dieses Verfahren dürfte relativ schwerfällig in der Durchführung sein, entspricht aber in seinen Wirkungen der hier vertretenen Auffassung.

[273] *Albers,* W. Staatsverschuldung und Geld- und Kreditpolitik. In: Finanzarchiv. Bd. 21 (1961), S. 43.

Wirtschaft zur Verfügung stehen muß"[274]. Die Kredite können in Form eines Fiduciary Issue oder in Form von Ausgleichsforderungen aktiviert werden[275]. Mit Recht weist Oberhauser darauf hin, daß es sich hierbei eigentlich nicht um einen Kredit, sondern um das „Einschleusen des notwendigen Geldes in den Wirtschaftsprozeß ..." handelt[276]. Allerdings muß die Notenbank in der Bestimmung von Umfang und Zeitpunkt der Transaktionen völlig frei sein, damit der kreditpolitische Bewegungsspielraum nicht eingeengt wird. Eine Rückzahlung derartig bereitgestellter Mittel ist nur dann angebracht, wenn andere Marktfaktoren — in Betracht kommt eigentlich nur noch die Zahlungsbilanz — die Bankenliquidität stärker erhöhen, als mit dem wirtschaftlichen Wachstum vereinbar ist, und die übrigen kreditpolitischen Instrumente nicht ausreichen, um Liquiditätsabflüsse im notwendigen Umfange herbeizuführen.

In der Vergangenheit haben zahlreiche Notenbanken einen Teil der Staatsausgaben über den Ankauf von Staatsanleihen finanziert. Dagegen weist die Bundesbank nur einen geringen Bestand an Papieren des Bundes aus, da bisher die Liquiditätszuflüsse aufgrund der Zahlungsbilanz im wesentlichen ausreichten, um den steigenden Liquiditätsbedarf der Wirtschaft zu decken. Versiegt aber diese Quelle, so sollte der Kredit der Notenbank an den Staat direkt als Buchkredit gewährt werden und nicht über den Ankauf von Anleihen. Denn es ist nicht einzusehen, warum der Umweg über den Geld- oder Kapitalmarkt notwendig ist. Außerdem wird der Anleihemarkt von den Verkäufen des Staates und den Käufen der Notenbank nicht unberührt bleiben, zumal sich Emissions- und Kauftermine nicht vollständig zu decken brauchen. Es ist möglich, daß andere Marktpartner zu Umtauschaktionen angeregt werden, besonders wenn die Notenbank nur einen Teilbetrag übernimmt. Wahrscheinlich wird der Markt am meisten geschont, wenn die Anleihen vorher um den Anteil der Notenbank reduziert werden, so daß der Markt — auch nicht kurzfristig — zusätzlichen Belastungen ausgesetzt wird. Nur wenn die Bestände an Offenmarkttiteln der Notenbank nicht ausreichen, um notwendige Operationen durchzuführen, sind diese durch den Staat zu ergänzen. — Die teilweise nicht mehr zeitgemäßen Vorschriften des Reichsschuldbuchgesetzes[277] und der Reichsschuldenordnung[278] müssen geändert werden, um auch das rechts-

---

[274] *Oberhauser*, A.: Probleme der Geldversorgung einer wachsenden Wirtschaft ..., S. 407.

[275] Vgl. *Willink*, J.: Deutsch-Englischer Notenbankvergleich. In: ZKW 10. Jahrg. (1957). S. 166.

[276] *Oberhauser*, A.: Probleme der Geldversorgung einer wachsenden Wirtschaft ..., S. 407.

[277] Vom 31. Mai 1891 RGBl. S. 321.

[278] Vom 13. Februar 1924. RGBl. I S. 95.

technische Verfahren mit den Bedürfnissen einer flexiblen Schuldenpolitik in Einklang zu bringen.

Im Gegensatz zur Einlagenpolitik sollte an der Schuldenpolitik nur der Bund beteiligt werden, um das Abstimmungsverfahren zu erleichtern.

## V. Abschließende Bemerkungen

Eine kontinuierliche Liquiditätsversorgung des Geschäftsbankensystems kann allein von einer Kreditpolitik durchgesetzt werden, die den Umfang der liquiden Mittel beeinflußt. Dies ist nur möglich über die Kontingentpolitik, die Offenmarktpolitik mit Nichtbanken und die Einlagen/Schuldenpolitik. Alle drei Politiken setzen an der Stelle an, an der die Kreditinstitute am empfindlichsten reagieren, nämlich an dem Liquiditätssaldo.

In der vorliegenden Arbeit wurde zu zeigen versucht, wie und unter welchen Bedingungen die einzelnen Instrumente angewandt werden können, um die Kontinuität der Liquiditätsversorgung zu gewährleisten. In einer wachsenden Wirtschaft bedeutet dieses Ziel langfristig eine Erhöhung der Bankenliquidität. Es bedeutet aber gleichzeitig, daß die Kreditpolitik auch in der Lage sein muß, Verminderungen der Liquiditätssalden herbeizuführen, um eine evtl. Überversorgung des Bankensektors aufgrund der Marktfaktoren ausgleichen zu können.

Eine Notenbank, die sich auf das dargestellte Instrumentarium stützt, kann eine Liquiditätsversorgung nach ihrem Willen durchsetzen. Dabei hängt es von den jeweils herrschenden Bedingungen sowie dem Umfang und der Dauer der zu erzielenden Liquiditätssaldenveränderungen ab, welche Maßnahmen zu ergreifen sind — ob z. B. allein Offenmarktgeschäfte mit Nichtbanken ausreichen oder ob diese durch die Kontingentpolitik oder/und und die Einlagen/Schuldenpolitik zu ergänzen sind.

Es wurde darauf verzichtet, die traditionellen Instrumente der Notenbanken zu erörtern, obwohl deren Bedeutung nicht verkannt wird. Aber damit läßt sich nicht der Umfang der Bankenliquidität, sondern lediglich ihre Verwendung beeinflussen. Selbst die Mindestreservepflicht, als das stärkste Mittel dieser Art, eignet sich nur im beschränkten Rahmen dazu, z. B. durch Freigabe von zuvor gebundener Liquidität, die Bemühungen um eine kontinuierliche Liquiditätsversorgung zu unterstützen. Sobald nämlich die Notenbankguthaben einen Stand erreicht haben, der zur Abwicklung des Zahlungsverkehrs und zur Aufrechterhaltung der Zahlungsfähigkeit gehalten werden muß, sind weitere Mindestreservesenkungen wirkungslos. Aus diesen Überlegungen hat die Bundesbank im letzten Drittel des Jahres 1967 ihre auf Liquiditätserleichterungen ausgerichtete Kreditpolitik nicht durch eine weitere Verminderung der Mindestreservesätze fortgesetzt, sondern statt dessen Bundesanleihen von Banken und Nichtbanken übernommen[1]. So kommt der Mindesreserve-, der Diskont- und Lombardpolitik sowie der Swapsatz- und Offenmarktpolitik mit Banken nur die Funktion einer ergänzenden Feinsteuerung zu.

[1] Geschäftsbericht der Deutschen Bundesbank für das Jahr 1967. S. 50.

## Literaturverzeichnis


*Albers*, Willi: Der Umfang der staatlichen Tätigkeit und ihre wirtschaftlichen Wirkungen. In: Weltwirtschaftliches Archiv. Band 77 (1956). S. 176—234.

— Staatsverschuldung und Geld- und Kreditpolitik. In: Finanzarchiv. Band 21 (1961). S. 25—46.

*Alhadeff*, Charlotte P. und David A. *Alhadeff:* Recent Bank Mergers. In: The Quarterly Journal of Economics. Vol. LXIX (1955). S. 503—532.

*Amsel*, Hans Georg: Die Anonymität des Bargeldes. In: ZKW. 20. Jahrg. (1967). S. 319—320.

*Andreas*, Kurt: Die theoretischen Grundlagen der Geldpolitik. In: Sonderdruck aus Bank-Betrieb. 7. Jahrg. (1967).

*Auerbach*, Irving: United States Treasury Cash Balances and the Control of Member Bank Reserves. In: Fiscal and Debt Management Policies. Englewood Cliffs 1963. S. 311—397.

*Axilrod*, Stephen H. und Janice *Krummack:* Federal Reserve Security Transactions, 1954—1963. In: Federal Reserve Bulletin. July 1964. S. 822—837.

Bank für Internationalen Zahlungsausgleich: Acht europäische Zentralbanken. Frankfurt/M. 1963.

*Bartholomey*, Ulrike: Wirtschaftsentwicklung und Bankkredite in der Bundesrepublik. In: Rheinisch-Westfälisches Institut für Wirtschaftsforschung Essen — Mitteilungen (1967). S. 217—233.

*Beck*, Heinz: Gesetz über die Deutsche Bundesbank vom 20. Juli 1957 — Kommentar. Mainz-Gonsenheim/Düsseldorf 1959.

*Brehmer*, Ekhard: Struktur und Funktionsweise des Geldmarktes der Deutschen Bundesrepublik seit 1948. Tübingen 1956. 2. erweiterte Auflage. Tübingen 1964.

*Buchanan*, James M.: Public Principles of Public Debt. Homewood 1958.

*Burgess*, W. Randolph: The Reserve Banks and the Money Market. New York/London 1936.

*Chandler*, Lester V.: The Economics of Money and Banking. 4. ed. New York/London/Tokyo 1964.

*Cochran*, John A.: Money, Banking, and the Economy. New York/London 1967.

Committee on the Working of the Monetary System: Report (Radcliffe-Report). London 1964.

*Courchene*, T. J. und H. T. *Shapiro:* The Demand for Money: A Note from the Time Series. In: The Journal of Political Economy. Vol. LXX II (1964). S. 498—503.

*Dacey*, W. Manning: The British Banking Mechanism. London 1962.

*Dahlgrün*, Rolf: Der Bundeshaushalt für 1965. In: Bulletin des Presse- und Informationsamtes der Bundesregierung vom 14. 10. 1964. Abgedruckt in: Deutsche Bundesbank. Auszüge aus Presseartikeln. Nr. 69 vom 21. 10. 64. S. 7.

*Damm*, Jürgen: Verzinsung der Mindestreserven? Frankfurt/M. 1959.

*Davis*, Richard G.: Open Market Operations, Interest Rates, and Deposit Growth. In: The Quarterly Journal of Economics. Vol. LXXIX (1965). S. 431—454.

*Day*, A. C. L.: Outline of Monetary Economics. Oxford 1966.

*Dewald*, W. G.: Free Reserves, Total Reserves, and Monetary Control. In: The Journal of Political Economy. Vol. LXXI (1963). S. 141—153.

*Dorrance*, Graeme S.: The Instruments of Monetary Policy in Countries Without Highly Developed Capital Markets. In: International Monetary Fund. Staff Papers. Vol. XII (1965). S. 272—281.

*Dreißig*, Wilhelmine: Die öffentlichen Einlagen. In: ZKW. 6. Jahrg. (1953). S. 677—678.

*Dürr*, Ernst: Wirkungsanalyse der monetären Konjunkturpolitik. Frankfurt/M. 1966.

*Ehrlicher*, Werner: Die außenwirtschaftliche Komponente der Geldversorgung. In: Jahrbuch für Sozialwissenschaft. Band 14 (1963). Festschrift für Andreas Predöhl. Göttingen 1963. S. 591—605.

*v. Eynern*, Gert: Die Reichsbank. Probleme des deutschen Zentralnoteninstituts in geschichtlicher Darstellung. Jena 1928.

*Emminger*, Otmar: Kapitalexport als Mittel zum Ausgleich der Zahlungsbilanz. In: ZKW. 12. Jahrg. (1959). S. 814—817.

*Escher*, Volkhard: Der Einfluß der Steuertermine auf die Liquidität der Geschäftsbanken und die Refinanzierung der Geschäftsbanken beim Zentralbanksystem. Diss. Köln 1957.

*Eucken*, Walter: Die Grundlagen der Nationalökonomie. 6. Aufl. Berlin/Göttingen/Heidelberg 1950.

Europäische Wirtschaftsgemeinschaft: Die währungspolitischen Instrumentarien in den Mitgliedsstaaten der Europäischen Wirtschaftsgemeinschaft. Brüssel 1962.

*Forstmann*, A.: Geld und Kredit. II. Band. Die Anwendung der Geld- und Kredittheorie. Göttingen 1952.

*Friedman*, M.: The Demand for Money; Some Theoretical and Empirical Results. Occasional Paper. No. 68. Herausgeber: National Bureau of Economic Research. New York 1959.

*Funck*, Rolf: Zahlungsbilanz. In: Handwörterbuch der Sozialwissenschaft. 12. Band. Stuttgart/Tübingen/Göttingen 1965. S. 376—385.

*Geisler*, Rudolf P.: Notenbankverfassung und Notenbankentwicklung in USA und Westdeutschland. Berlin 1953.

Gemeinschaft zum Schutz der deutschen Sparer: Was ist eine antizyklische Finanzpolitik? In: Mitteilungen und Kommentare zur Geldwertstabilität. 2/1968.

*Gleske*, Leonhard: Die Liquidität in der Kreditwirtschaft. Frankfurt/M. o. J.

*Goldenweiser*, E. A.: American Monetary Policy. New York/Toronto/London 1951.

*Graebner*, Wolfgang: Direkte Kontrollen als Mittel der Geldpolitik. Köln/Opladen 1966.

*Greitemann*, Günter: „Vollbewegliche" Einlagen-Politik. In: ZKW. 20. Jahrg. (1967). S. 943—945.

*Gutowski*, Armin: Diskussionsbeitrag in: Finanz- und währungspolitische Bedingungen stetigen Wirtschaftswachstums. Verhandlungen auf der Tagung des Vereins für Socialpolitik. Gesellschaft für Wirtschafts- und Sozialwissenschaften in Baden-Baden 1958. Berlin 1959. S. 143 f.

*Guttentag*, Jack M.: The Strategy of Open Market Operations. In: The Quarterly Journal of Economics. Vol. LXXX (1966). S. 1—30.

*Hagenmüller*, Karl F.: Bankbetrieb und Bankpolitik. Wiesbaden 1959.

*Hahl*, Willy: Verhältnis zwischen Geschäftsbankensystem und Zentralbankensystem in verschiedenen Ländern. Meisenheim am Glan 1962.

*Hahn*: Interne Liquiditätsprobleme. In: Beihefte der Konjunkturpolitik. Heft 11: Konjunkturpolitische Einwirkungsmöglichkeiten. Berlin 1965. S. 25—34.

*Hahn*, L. Albert: Volkswirtschaftliche Theorie des Bankkredits. Tübingen 1930.

— Wandel der Zahlungsbilanzsituation? In: ZKW. 12. Jahrg. (1959). S. 928 bis 931.

*Hart*, Albert Gailord und Peter B. *Kenen*: Money Debt and Economic Activity. 3. ed. Englewood Cliffs 1961.

*Hawtrey*, R. G.: The Art of Central Banking. 2. ed. Liverpool/London 1962.

*Henle*, Wilhelm: Die Ordnung der Finanzen in der Bundesrepublik Deutschland. Berlin 1964.

*Höchst*, Paul-Otto: Offen-Markt-Politik und Staatskredit, dargestellt an dem Konflikt um die Frage des Selbsteintrittsrechts des Bundes in die Mobilisierungspapiere der Deutschen Bundesbank. Diss. Köln 1959.

*Hofmann*, Walter: Die öffentlichen Gelder im Bundesbankgesetz. In: ZKW. 9. Jahrg. (1956). S. 308—310.

*Høst-Madsen*, Poul: Asymmetries Between Balance of Payments Surpluses and Deficits. In: International Monetary Fund. Staff Papers. Vol. IX (1962). S. 182—201.

International Monetary Fund: Balance of Payments Manual. Final Draft. 3. ed. Washington 1960.

*Irmler*, Heinrich: Gegenwartsfragen der Kredit- und Währungspolitik. Vortrag vom 18. 2. 1966 in Lübeck. Abgedruckt in: Deutsche Bundesbank. Auszüge aus Presseartikeln vom 23. 2. 1966. S. 3.

— Umlaufsgeschwindigkeit des Geldes. In: Enzyklopädisches Lexikon für das Geld-, Bank- und Börsenwesen. Band II. Frankfurt/M. 1957. S. 1520—1527.

*Janocha*, Peter: Intervention und Kooperation der Zentralbanken auf den Devisenmärkten nach dem zweiten Weltkrieg. Tübingen 1966.

*Jaramillo*, Rodrigo: Central Bank Discount Rates. In: International Monetary Fund. Staff Papers. Vol. XIII (1966). S. 103—120.

*Jarchow*, Hans-Joachim: Theoretische Studien zum Liquiditätsproblem. Tübingen 1966.

*Jenkis*, Helmut: Die importierte Inflation. Meisenheim am Glan 1966.

Joint Economic Committee. Congress of the United States: Employment, Growth, and Price Levels. „Douglas-Report". Washington 1960.

*Keir,* Peter M.: The Open Market Policy Process. In: Federal Reserve Bulletin. October 1963. S. 1359—1370.

*Kent,* Raymond P.: Money and Banking. 5. ed. New York/Chicago/San Francisco/Toronto/London 1966.

*Keynes,* John Maynard: Ein Traktat über Währungsreform. München/Leipzig 1924.

— The General Theory of Employment Interest and Money. London 1951.

*Kippenberger,* Hanns: Geldmenge und Umschlagshäufigkeit. Frankfurt/M. 1962.

*Köhler,* Claus: Der deutsche Geldmarkt — Alimentierung und kreditpolitische Beeinflussung. In: Zeitfragen der Kreditwirtschaft. Herausgeber: Bank für Gemeinwirtschaft Aktiengesellschaft. Frankfurt/M. 1964.

— Der Geldkreislauf. Geldtheoretische Thesen im Spiegel der Emperie. Berlin 1962.

— Erfahrungen mit der Geldstromanalyse. In: Beiträge zur Wirtschafts- und Gesellschaftsgestaltung. Festschrift für Bruno Gleitze zum 65. Geburtstag am 4. August 1968. Berlin 1968. S. 137—157.

— Liquiditätseinbußen am westdeutschen Geldmarkt. In: WWI Mitteilungen. 12. Jahrg. (1959). S. 296—299.

— Liquiditätsverluste in der westdeutschen Wirtschaft, jedoch nicht bei den Banken. In: WWI Mitteilungen. 13. Jahrg. (1960). S. 283—286.

— Mehr liquide Mittel erforderlich. In: WWI Mitteilungen. 20. Jahrg. (1967). S. 326—329.

— Monetäre Hilfen für einen neuen Wirtschaftsaufschwung. In: WWI Mitteilungen. 20. Jahrg. (1967). S. 220—223.

— Orientierungshilfen für die Kreditpolitik. Berlin 1968.

*Klein,* John J.: Money and the Economy. New York/Chicago/Burlingame 1965.

*Knothe,* Robert: Kreditkarten — Pro und Kontra. In: ZKW. 21. Jahrg. (1968). S. 186—187.

*Koopmans,* Johan G.: Zum Problem des „neutralen" Geldes. In: Beiträge zur Geldtheorie. Herausgeber: Hayek, Friedrich A. Wien 1933.

*Kruse,* Alfred: Aussenwirtschaft — Die internationalen Wirtschaftsbeziehungen. Berlin 1958.

*Kühne,* Rudolf: Liberalisierte Kapitalmark. In: Enzyklopädisches Lexikon für das Geld-, Bank- und Börsenwesen. Band II. Frankfurt/M. 1957. S. 1119 bis 1120.

*Lampert,* Heinz: Probleme der Konjunkturstabilisierung durch die Arbeitslosenversicherung — ein Beitrag zur Reform der Arbeitslosenversicherung. In: Finanzarchiv. Band 22 (1962/63). S. 247—285.

*Lautenbach,* Wilhelm: Zins, Kredit und Produktion. Herausgeber: Stützel, Wolfgang. Tübingen 1952.

*Leemann,* E.: Geldversorgung und wirtschaftliches Wachstum. In: Schweizerische Zeitschrift für Volkswirtschaft und Statistik. 102. Jahrg. (1966). S. 63—82.

*Lotz,* Walther: Geschichte und Kritik des Deutschen Bankgesetzes vom 14. März 1875. Leipzig 1888.

*Luckenbach,* Helga: Wechselkursänderungen und Zahlungsbilanzausgleich. In: Theoretische und institutionelle Grundlagen der Wirtschaftspolitik. Theodor Wessels zum 65. Geburtstag. Berlin 1967.

*Lüke,* A. E.: Wie liest man den Bundesbankausweis? In: ZKW. 15. Jahrg. (1962). S. 1092—1093, S. 1126—1127.

*Lutz,* Friedrich A.: Die Nachfrage nach Geld. In: Jahrbücher für Nationalökonomie und Statistik. Band 172 (1960). S. 93—125.

*Martell,* Herbert: Probleme der Geldversorgung der Westdeutschen Wirtschaft. In: Inwieweit ist die schleichende Inflation durch monetäre Maßnahmen zu bekämpfen? Beihefte der Konjunkturpolitik. Heft 7. Berlin 1960. S. 50—64.

*Martell,* Herbert, Peter *Schwanse* und Reinhard *Pohl:* Zur Wirtschaftslage der Bundesrepublik Deutschland — Ergebnisse der Volkswirtschaftlichen Gesamtrechnung für das dritte Quartal 1964. In: Vierteljahrshefte zur Wirtschaftsforschung 1964. S. 326—359.

*Mellerowicz,* Konrad: Liquidität. In: Die Deutsche Bankwirtschaft. III. Band. Berlin 1938. S. 441—476.

*Metze,* Ingolf: Die Wirkungen staatlicher Tätigkeit auf die Liquidität. In: Weltwirtschaftliches Archiv. Band 93 (1964). S. 108—157.

*Muthesius,* Volkmar: Die Springflut der öffentlichen Gelder. In: ZKW. 15. Jahrg. (1962). S. 867—868.

*Nadler,* Marcus, Sipa *Heller* and Samuel S. *Shipman:* The Money Market and its Institutions. New York 1955.

*Nöll v. d. Nahmer,* Robert: Die Deckung des öffentlichen Bedarfs durch nichtinflatorische Papiergeldausgabe. In: Finanzarchiv. Band 2 (1934). S. 549 bis 583.

— Lehrbuch der Finanzwissenschaft. Band 1: Allgemeine Finanzwissenschaft. Köln/Opladen 1964.

*Noll,* Werner: Die Geldversorgung in einer wachsenden Wirtschaft. In: Jahrbuch für Sozialwissenschaften. Band 17 (1966). S. 353—365.

*Oberhauser,* Alois: Probleme der Geldversorgung einer wachsenden Wirtschaft. In: Finanzarchiv. Band 25 (1966). S. 398—415.

*Paulsen,* Andreas: Neue Wirtschaftslehre. 4. unveränderte Auflage. Berlin/Frankfurt/M. 1967.

*Pfleiderer,* Otto: Offenmarktpolitik. In: Handwörterbuch der Sozialwissenschaften. 8. Band. Stuttgart/Tübingen/Göttingen 1964. S. 74—82.

*Philippovich von Philippsberg,* Eugen: Die Bank von England im Dienste der Finanzverwaltung des Staates. Wien 1885.

*Prather,* Charles L.: Money and Banking. 4. ed. Chicago 1950.

Radcliffe-Report: siehe: Committee on the Working of the Monetary System.

*Ricardo,* David: The Principles of Political Economy and Taxation. London/Toronto 1926.

*Richebächer,* Kurt: Der fehlende Geldmarkt. In: Der Volkswirt. 12. Jahrg. (1958). S. 377—378.

*Rieber,* Michael: Collusion in the Auction Market for Treasury Bills. In: The Journal of Political Economy. Vol. LXXXII (1964). S. 509—512.

*Rist,* Charles: Geschichte der Geld- und Kredittheorien von John Law bis heute. Bern 1947.

*Rittershausen,* Heinrich: Bankpolitik. Frankfurt/M. 1956.

— Die Zentralnotenbank — Ein Handbuch ihrer Instrumente, ihrer Politik und ihrer Theorie. Frankfurt/M. 1962.

*Robinson,* Roland I.: The Management of Bank Funds. New York/San Francisco/Toronto/London 1962.

*Salant,* Walter S., Emile *Despres,* Lawrence B. *Krause,* Alice M. *Rivlin,* William A. *Salant* and Lorie *Tarshis:* The United States Balance of Payments in 1968. Washington 1963.

*Sarow,* Friedrich: Offenmarktpolitik zur Konjunkturregelung — Erfahrungen in England, den Vereinigten Staaten und Deutschland. München/Leipzig 1937.

*Sayers,* R. S.: Open Market Operations in English Central Banking. In: Schweizerische Zeitschrift für Volkswirtschaft und Statistik. Band 89. (1953). S. 389—398.

*Schmedes,* Hella: Die Bewegung des Bargeldvolumens in der Konjunktur. In: ZKW. 8. Jahrg. (1955). S. 837—841.

*Schmölders,* Günter: Das Problem der Koordinierung von Geld- und Finanzpolitik im Hinblick auf die Sicherung stetigen Wirtschaftswachstums. In: Finanz- und währungspolitische Bedingungen stetigen Wachstums. Verhandlungen auf der Tagung des Vereins für Socialpolitik. Gesellschaft für Wirtschafts- und Sozialwissenschaften in Baden-Baden 1958. Berlin 1959. S. 269—284.

— Geldpolitik. Tübingen/Zürich 1962.

— Finanzpolitik. 2. Auflage. Berlin/Heidelberg/New York 1965.

— Öffentliche Kassenführung. In: Enzyklopädisches Lexikon für das Geld-, Bank- und Börsenwesen. Frankfurt/M. 1957. S. 1234—1235.

— Steuerkonten. In: Enzyklopädisches Lexikon für das Geld-, Bank- und Börsenwesen. Frankfurt/M. 1957. S. 1476.

*Scholl,* Franz: Zahlungsbilanzstatistik. In: Handwörterbuch der Sozialwissenschaften. 12. Band. Stuttgart/Tübingen/Göttingen 1965. S. 385—391.

*Seidel,* Heinz: Öffentliche Einlagen: Beispiel USA. In: ZKW. 7. Jahrg. (1954). S. 176.

*Simmons,* Edward C.: The Monetary Mechanism Since the War. In: The Journal of Political Economy. Vol. LV III (1950). S. 124—141.

*v. Spindler,* Joachim, Willy *Becker* und O.-Ernst *Starke:* Die Deutsche Bundesbank. 2. erweiterte Auflage. Stuttgart 1960.

*Stadermann,* Bertfried: Offenmarktgeschäfte als Instrument der Liquiditätspolitik. Frankfurt/M. 1961.

*Stern,* Klaus und Paul *Münch:* Gesetz zur Förderung der Stabilität und des Wachstums der Wirtschaft vom 8. Juni 1967. — Kommentar —. Stuttgart/Berlin/Köln/Mainz. 1967.

*Stobbe,* Alfred: Volkswirtschaftliches Rechnungswesen. Berlin/Heidelberg/New York 1966.

*Strickroth,* Georg: Was soll mit den öffentlichen Geldern geschehen? In: HB vom 1./2. 2. 1957.

*Stützel*, Wolfgang: Bankpolitik heute und morgen. Frankfurt/M. 1964.

— Ist die schleichende Inflation durch monetäre Maßnahmen zu beeinflussen? In: Inwieweit ist die schleichende Inflation durch monetäre Maßnahmen zu bekämpfen? Beihefte der Konjunkturpolitik. Heft 7. Berlin 1960. S. 10—41.

— Volkswirtschaftliche Saldenmechanik. Tübingen 1958.

*Stützer*, Rudolf: Das Trauma der Liquidität. In: Der Volkswirt. 21. Jahrg. (1967). S. 415—416.

*Stucken*, Rudolf: Deutsche Geld- und Kreditpolitik 1914—1963. 3. Aufl. Tübingen 1964.

— Unterschiede bei der Rücklagen- und Schuldenpolitik des Staates und der Gemeinden. In: Finanzarchiv. Band 20. (1959/60). S. 93—101.

*Terhalle*, Fritz: Das Finanz- und Steuersystem der Bundesrepublik Deutschland. In: Handbuch der Finanzwissenschaft. 3. Band. Tübingen 1958. S. 138—175.

*Veit*, Otto unter Mitwirkung von Owe *Peters*, Bertfried *Stadermann* und Hermann *Bödler:* Die veränderte Währungspolitik und ihre Folgen. Frankfurt/M. 1957.

*Veit*, Otto und Mitarbeiter: Grundriß der Währungspolitik. Frankfurt/M. 1961.

*Veit*, Otto: Volkswirtschaftliche Theorie der Liquidität. Frankfurt/M. 1948.

*Verrijn*, Stuart, G. M.: Exchange Equalization Funds. In: Amsterdamsche Bank N. V. Bericht Januar 1937. S. 1—8.

*Vialon*, Friedrich Karl: Haushaltsrecht. Kommentar zur Haushaltsordnung (RHO). Berlin/Frankfurt/M. 1953.

*Weise*, Herbert: Probleme der Geld- und Kreditpolitik im Lichte des Radcliffe-Reports. Tübingen 1964.

*Whittlesey*, Charles R.: Die Politik des Federal Reserve Systems 1945—1951. In: Weltwirtschaftliches Archiv. Band 68 (1952). S. 178—197.

*Willes*, J. Brooke: United States. In: Banking Systems. Editor: Beckhart, B. H. New York 1954. S. 839—911.

*Willink*, Joachim: Deutsch-Englischer Notenbankvergleich. In: ZKW. 10. Jahrg. (1957). S. 166.

*Wolf*, E.: Die außenwirtschaftlichen Aspekte der härteren Kreditpolitik. In: ZKW. 12. Jahrg. (1959). S. 959—962.

*Zawadzki*, K. K. F.: Are Open-Market Operations Effective? In: Oxford Economic Papers. Vol. 17 (1965). S. 100—110.

*Zimmerer*, Carl: Gold wieder Umlaufs-Münzmetall? in: ZKW. 20. Jahrg. (1967). S. 1100.

## Veröffentlichungen ohne Verfasser

Auszüge aus dem „Douglas Report“ und aus der Enqueté des Untersuchungsausschusses für Allgemeine Kredit- und Staatsschuldenpolitik (Patman-Ausschuß) des amerikanischen Kongresses. Herausgegeben vom Bundesministerium für Wirtschaft. Bonn o. J. (1954?).

Ausgabe, Umlauf und Vernichtung von Banknoten. In: Monatsberichte der Deutschen Bundesbank. Februar 1963. S. 23—28.

Bank für Kassenobligationen in Sicht. In: HB vom 11./12. 8. 1967.

Das Effektenkonto der Bundesbank. In: ZKW. 20. Jahrg. (1967). S. 896.

Das „museumsreife" öffentliche Kassenwesen. In: ZKW 17. Jahrg. (1964). S. 1045.

Der Falschgeldanfall in der Bundesrepublik Deutschland seit der Währungsreform. In: Monatsberichte der Deutschen Bundesbank. Dezember 1967. S. 13—18.

Der Markt blieb keine Einbahnstraße. In: HB vom 30. 6./1. 7. 1967.

Die Auswirkungen des Kouponsteuergesetzes. In: Monatsberichte der Deutschen Bundesbank. Juni 1965. S. 3—9.

Die Entwicklung der Termineinlagen unter dem Einfluß der partiellen Zinsfreigabe vom März 1965 und Juli 1966. In: Monatsberichte der Deutschen Bundesbank. März 1967. S. 3—9.

Die Neuregelung der Kouponsteuer in Italien. In: Neue Zürcher Zeitung vom 25. 2. 1967.

Die reiche Arbeitslosenversicherung ... und ihre Anlagepolitik. In: ZKW. 21. Jahrg. (1968). S. 64—65.

Ein „Markt" für Kassenobligationen. In: ZKW. 20. Jahrg. (1967). S. 854.

Einig über „AKA" für Interzonenhandel. In: HB vom 17. 4. 1967.

Extreme Geldfülle hält an. In: HB vom 21./22. 7. 1967.

Höherer A-Plafonds. In: Industriekurier vom 1. 2. 1968.

Kassenobligationen im Tenderverfahren. In: ZKW. 20. Jahrg. (1967). S. 645 bis 646.

Keine Rationierung der Lombard-Kredite. In: FAZ vom 26. 5. 1966.

Kontingente auch für Privatdiskonten. In: HB vom 3. 5. 1966.

Kurswechsel des Federal Reserve Board? In: Neue Zürcher Zeitung vom 25. 7. 1968.

Mehr Gewicht für US-Diskontpolitik. In: HB vom 29. 7. 1968.

Monetary Policy and Economic Activity: A Postwar Review. In: Federal Reserve Bulletin. May 1967. S. 691—714.

Neue Kassenobligationen des Bundes. In: HB vom 22. 8. 1967.

Neuer Warnschuß der Bundesbank. In: HB vom 7. 2. 1966.

Rentenversicherung: Keine weiteren Verkäufe. In: HB vom 4. 4. 1968.

Run auf Kassenobligationen? In: FAZ vom 19. 7. 1967.

Schlägt die Mindestreservepolitik durch? In: Der Volkswirt. 11. Jahrg. (1957). S. 1321—1322.

The functions and organisation of the Bank of England. In: Bank of England. Quarterly Bulletin. Vol. 6. September 1966. S. 233—245.

The London discount market: some historical notes. In: Bank of England. Quarterly Bulletin. Vol. 7. June 1967. S. 144—155.

The Monetary System of the United States. In: Federal Reserve Bulletin. February 1953. S. 98—109.

Vermögensbildung und Anlagepolitik der Arbeitslosenversicherung. In: Monatsberichte der Deutschen Bundesbank. November 1967. S. 22—29.

Wellenbrecher gegen Steuergeldwogen. In: ZKW. 18. Jahrg. (1965). S. 58.

Wie funktioniert die Offen-Markt-Politik in Amerika? In: Blick durch die Wirtschaft vom 21. 12. 1964.

Zentralbankrat diskutiert den Tender. In: HB vom 24. 8. 1967.

Zonenschulden stiegen nochmals. In: HB vom 9. 1. 1968.

**Berichte**

Bank für Internationalen Zahlungsausgleich. 27. Jahresbericht (1957).

Bank of England. Quarterly Bulletin.

Board of Governors. Federal Reserve Bulletin.

Bundesverband des privaten Bankgewerbes e. V. Geschäftsberichte.

Deutsche Bundesbank. Geschäftsberichte.

Deutsche Bundesbank. Monatsberichte.

Finanzberichte. Herausgegeben vom Bundesministerium der Finanzen. Bonn.

Internationaler Währungsfonds. Jahresbericht 1966.

Internationaler Währungsfonds. Staff Papers.

# Personenregister

# Sachregister